手作りを楽しむ

だれでも作れる
万華鏡

子どもから大人まで楽しく作って遊べる!

照木公子◎著

日東書院

目次

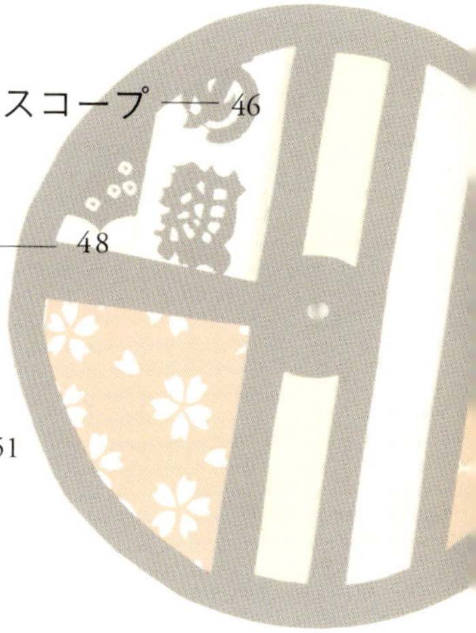

絵日記
お花が
8/4

はじめに —— 本書をお使いいただくために

万華鏡はいろいろな形があり、中はどうなっているかわからない、そしてのぞくと、美しいキラキラと輝く映像が見えるので、不思議！　どうなっているのか、どうやって作るのかと思うでしょう。
本書では、初心者が身近な材料で作るための提案をしています。
万華鏡の基本であり、すべてに共通する筒型万華鏡の作り方をモノクロページの66～69ページで示しました。
その上にさまざまな飾りを加えて、きれいな夢の万華鏡を作るための工夫は、作品の紹介と共に、カラーページで示しました。
使われている用語は、万華鏡の特殊な言い方があるので、72ページで用語解説にまとめました。
そのためこの本は、**まず66ページから基本を読んで、用語解説で言葉を確かめ、その後でカラーページの外側の飾り方を見ていただければと思います。出来そうなものから、チャレンジしてください。**

1 万華鏡の基本的な作り方（中の組み立て）

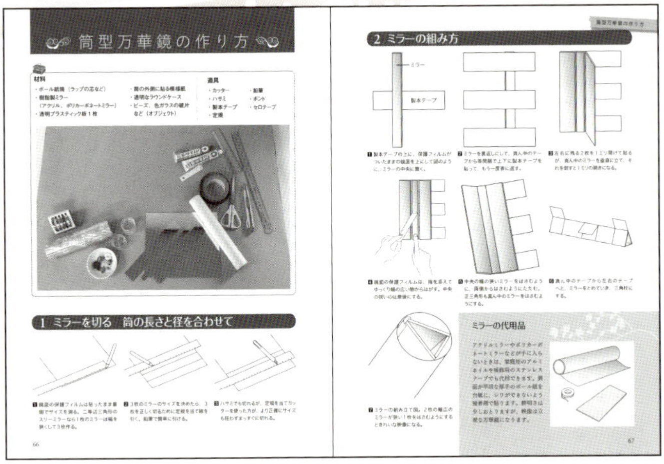

筒型万華鏡の中のミラーの組み立ては、どれも基本的には共通しています。まずここを理解すれば、どんな風にでも万華鏡を作ることが出来ます。

2 万華鏡の基本的な作り方（外の組み立て）

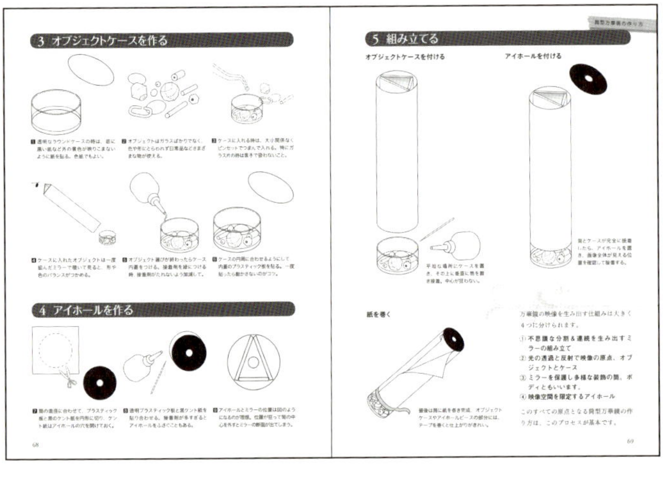

ミラーを入れるための外側の筒をどのように組み立てるかを示しています。きれいな映像を見るための仕組みがご理解いただけます。

3 タイプ別万華鏡の紹介

本書ではさまざまなタイプの万華鏡を紹介しています。これはホイール型ですが、糸巻きや紙風船型、粘土など楽しい工夫がいっぱい。

4 それぞれの作品の作り方

タイプ別作品の外側をどのように作るかを示しています。いろいろな工作の方法を使っているので、その楽しさを味わうことが出来ます。

5 3D ふしぎ箱の紹介

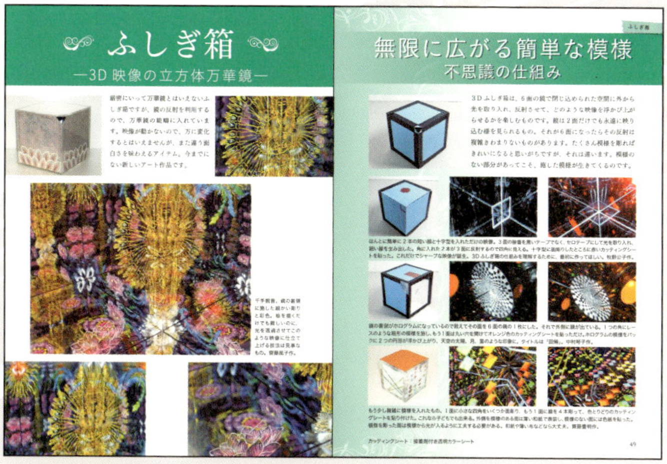

筒型だけでなく、3Dの映像が見える立方体万華鏡も紹介しています。今までにない形で、筒型とはまた違った面白さを味わえる作品です。

Kaleidoscope 1

紙貼り万華鏡

No.1 リボン飾り
No.2 レース飾り

作り方 10 ページ

No.3 厚紙で作るハロウィン

紙貼り万華鏡

作り方 11 ページ

ハローウィンをイメージして厚紙をカットしたものを表面に貼り付けた。

紙貼り万華鏡

万華鏡を作るのに一番簡単な方法は、身近な筒を利用すること。ラップやトイレットペーパーの芯でいいのです。要は三角に組んだミラーを保護するのと、持ちやすくするためなので。でもそのままじゃ味気ない。そこで、きれいな紙で装飾しましょう。さらにリボンを結んだり、レースをあしらったり。厚紙をカットして模様を作り、貼るのも素敵です。

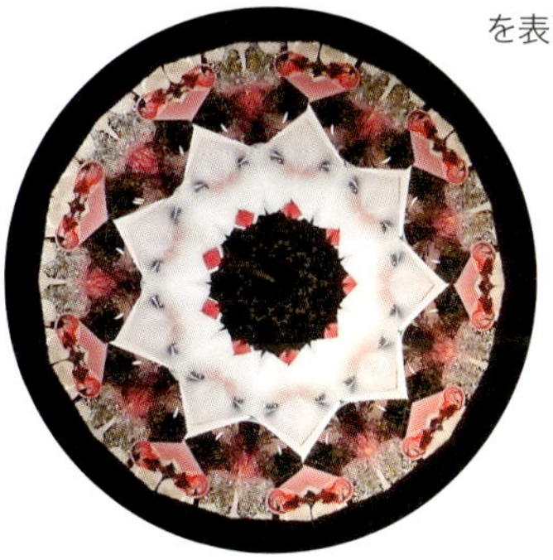

No.1「リボン飾り」の映像。ピンクのリボンが揺れる感じを表した。ツーミラー。

No.2「レース飾り」の映像。美しいブルーを表現できた。スリーミラー。

No.3「厚紙で作るハローウィン」お茶目な映像。スリーミラー。

No.4 デコパージュ

作り方 12ページ

デコパージュとは?

簡単に言えば、紙の上にニスを塗ってコーティングすることをデコパージュといいます。全体に塗って光沢を出してもいいし、切り取って貼りつけた部分に塗るのも楽しい。

No.4「デコパージュ」写真右作品の映像。エンドピースの模様が出ているのがわかる。スリーミラー。

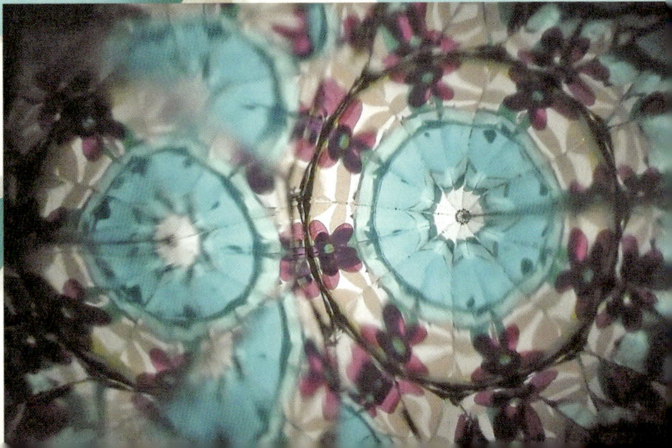

作り方 13 ページ

No.5 簡単ガチャガチャ

身の回りのもので工夫

万華鏡を作ろうと思ったら日常のさまざまなものに目をこらすこと。いらなくなった包装紙やひも、リボン、子供のおもちゃ、文房具、化粧品の空き瓶やケース、そうしたものにちょっと細工を加えるだけで、おしゃれな万華鏡に変身！もったいなくて捨てられなかった「がらくた」が見事に役に立ちます。8ページ右の作品は、紙ナプキンの模様をデコパージュ、9ページの作品は、オブジェクトケースに「ガチャガチャ」を利用したもの。

No.5「簡単ガチャガチャ」の映像。外側はかわいいが映像は大人っぽくしてみた。スリーミラー。

紙貼り万華鏡 作り方

筒型ボディに紙を貼る　プロセス

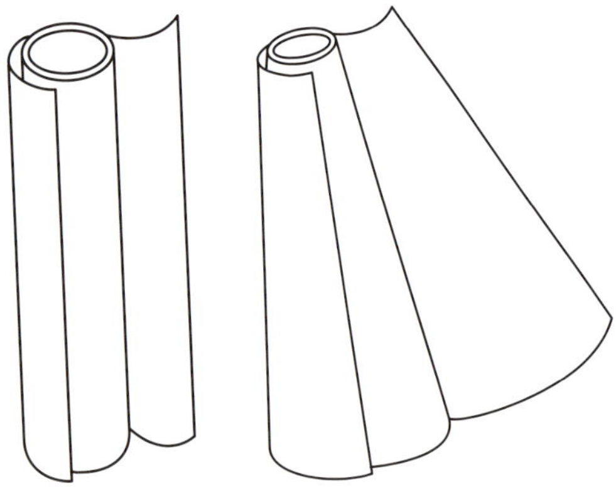

1 筒の円周に合わせて紙を切る

筒の外側に紙を貼るのは意外とむずかしいものです。そのためにも、紙の模様が曲がらないように、はみ出しのないようにするためにも紙は寸法通りに切りましょう。特に糸巻きのような円錐状は上下で幅が違いますから、あらかじめ別の紙で実際に筒に巻き付けて型紙を作るのもひとつの方法です。長さは少し長目にしておけば、貼るときに余裕が持てます。

2 両面テープをうまく使う

のりなどの接着剤を使って筒に貼るのですが、最初に貼るところには両面テープをあらかじめ筒に貼っておきます。しわやでこぼこにならないよう少し引っ張るように貼りますが、両面テープを使うとずれません。巻き終わりは、紙に余裕を持たせて切ってありますから重ねるように貼ります。カッターで切り揃えておけば継ぎ目も目立ちません。

No.1 リボン飾り

リボンの色や材質は、作った万華鏡の映像に合わせるとしゃれた感じにできあがる。

リボンやレースで紙筒をキレイに飾るには、両面テープを活用する。

No.2 レース飾り

白いレースを使ったなら、透明感をだす色のないガラスをオブジェクトに加えても。

材料と道具

- ボール紙筒（ラップの芯）
- 和紙や色紙、模様紙など
- レースリボン、リボン
- 接着剤（のり、紙布用ボンド）
- 定規
- カッター、ハサミ

1 どのように飾るか決めたら、その部分に両面テープを貼っていきます。リボンなら、オブジェクトケースの継ぎ目にぐるっと巻いて、少し大きめの蝶結びにすればそのままプレゼントの飾りに。リボンの幅に合わせて両面テープを貼り、その上を押しつけるようにして巻けば、蝶結びもきれいにできます。

2 レースも同じように貼りますが、紙の継ぎ目を隠すように貼れるので便利です。リボンよりも場所を選ばないので好きな飾りができます。

3 どちらも飾りのメインはオブジェクトケースの側につけます。特にリボンの蝶結びが、アイホール側にあると肝心の映像を見るときにじゃまになります。アイホール側の飾りはシンプルにが鉄則です。

No.3 厚紙で作るハロウィン 作り方

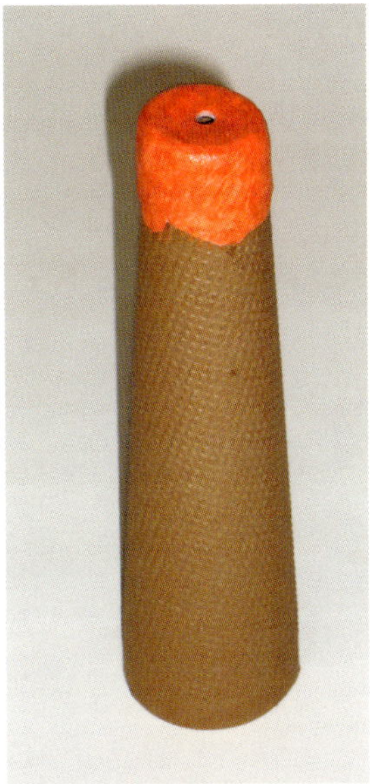

アイホールの部分を覆うように大きめの紙を用意して、筒の部分も2，3センチ貼る。

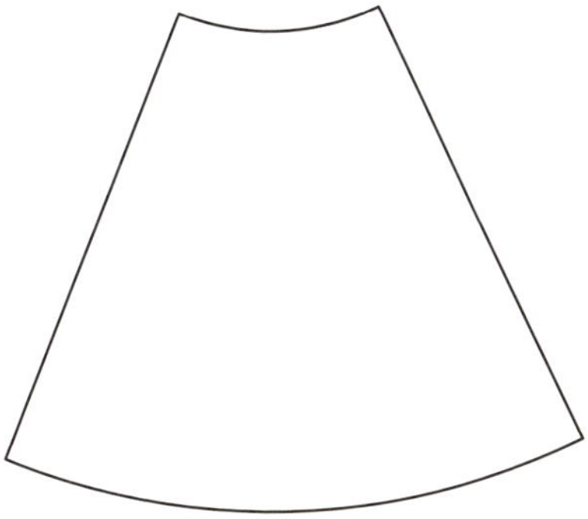

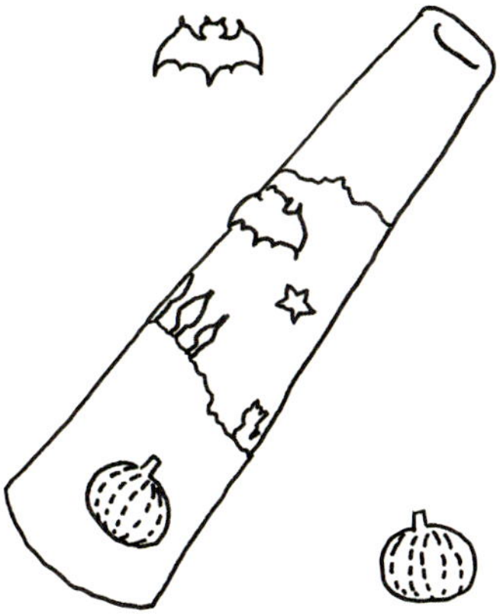

ベースの紙を貼る ポイント

1. 筒全体にベースの紙を貼る前に、左写真のようにアイホール部分に下地としてベースの紙を貼ることで仕上りがきれいになります。
2. 最初に貼る部分には両面テープを貼っておき、紙を合わせます。貼るコツは、シワや空気の膨らみができないように、ゆっくり筒全体を回すようにすることです。

オレンジのカボチャはファンシーショップなどで手に入る。

黒い紙を切り抜き貼り、ハローウィンの光景を作る

夜のイメージを強調して灯のオレンジをベースに、黒でハローウィン情景を作り出します。シンプルな色遣いでも、十分に楽しさが表現できます。

黒い紙で蝙蝠や木立、教会などを切り抜き、ハローウィンの情景を作る。

材料と道具

- ボール紙製糸巻き（円錐状）
- 厚手の色紙
- 切り抜き型紙（動植物など）
- 接着剤（のり、紙布用ボンド）
- 定規
- カッター、ハサミ

No.4 デコパージュ 作り方

ニス塗りの光沢で引き立つ

100円ショップで売っている1ダース入り鉛筆の容器を使い、ちょっとお洒落な万華鏡が作れます。

1. 容器の蓋の部分はそのままオブジェクトを入れプラスティックで仕切を作り、ケースとして使う。底の部分には穴を開けアイホールにします。
2. ミラーを組みたてアイホールを下にして筒に入れ固定します。
3. オブジェクトケースの蓋の部分を嵌めれば万華鏡本体は出来上がり。筒には薔薇の花の紙を貼り、ニスを塗ってデコパージュの万華鏡にします。

2つに分かれている鉛筆ケースを使うと、オブジェクトケースだけを回転させられる。

失敗しない塗り方 ポイント

日本の漆を真似て、花の絵を切り抜きニスを塗ったのが始まりといわれるデコパージュ。うまく塗れれば豪華な仕上がりになります。コツは、いっぺんに厚く塗らないで、薄く塗って乾かし何遍も塗り重ねること。透明なニスの層が下の絵を輝かせます。

材料と道具

- ボール紙筒（100円ショップ色鉛筆12本入り容器）
- 表面コーティングのない模様紙
- 紙用ニス（つやあり、つやなしはお好みで）
- 接着剤（のり、紙布用ボンド）
- 養生用テープ（荷造用樹脂テープ）
- 定規
- カッター、ハサミ
- 刷毛（小型の平刷毛）

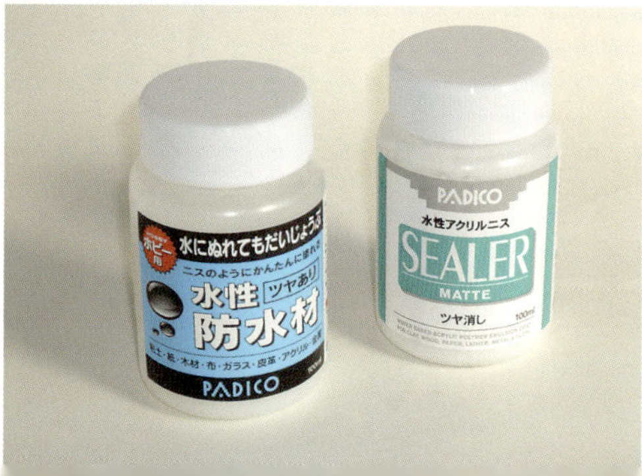

紙塗り用ニスには、つや消し、つや有りの2種類があって、好みで選べる。

No.5 簡単ガチャガチャ 作り方

半球のケースを使う ポイント

半球のプラスティックをケースに使うと、中に入れたオブジェクトが活発に動いて変化のある映像が楽しめます。ケースを選ぶポイントは、紙筒の直径とサイズを合わせること。ガチャガチャのケースがうまく合わなければ、ホビー店に各種サイズの半球がありますので探してみましょう。

材料と道具

- ボール紙筒（ラップの芯など）
- 花柄などの模様紙
- 樹脂製半球（ガチャガチャの容器など）
- 接着剤（のり、紙布用ボンド）
- 定規
- カッター、ハサミ

プラスティックの半球は、2個1組の球形のセットで売られサイズも各種ある。

外側の色と模様にうまく合わせたオブジェクトにすると、映像が想像されて楽しい。

おもしろ映像の素

映像を生み出すのはガラス片などのオブジェクトです。ふつうの円筒状のケースでは、あまり厚みのあるオブジェクトは動きを鈍くしてしまうので、1つぐらいしか使えません。しかし、半球ケースは普段使わないものを入れると、おもしろい動きの映像が作れます。

1. オブジェクトは大小や厚みの差などを考えて選ぶ。
2. 透明半球状で光はいろいろな方向からはいるので、不透明な素材を入れてもあまり暗くならない。布や陶片もOKです。
3. オブジェクトの量は少し多めでもいいですが、色の種類は控えめに。

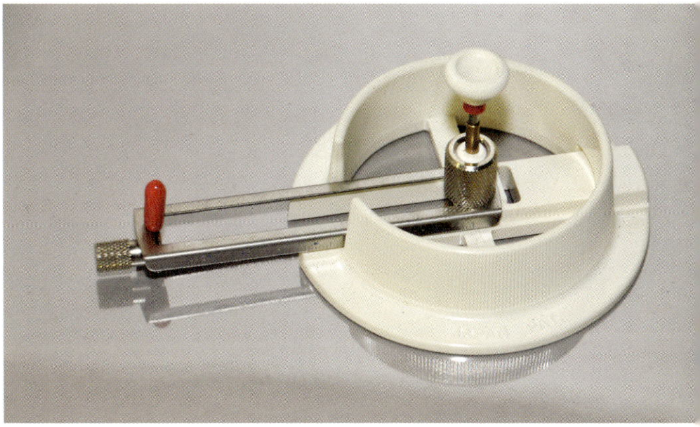

オブジェクトケースの内蓋を作るのに便利な円形カッター。これを使えばきれいな円板が作れ、中に入れるオブジェクトの材質は何でもあり。形のおもしろいものを選ぶのもいい。

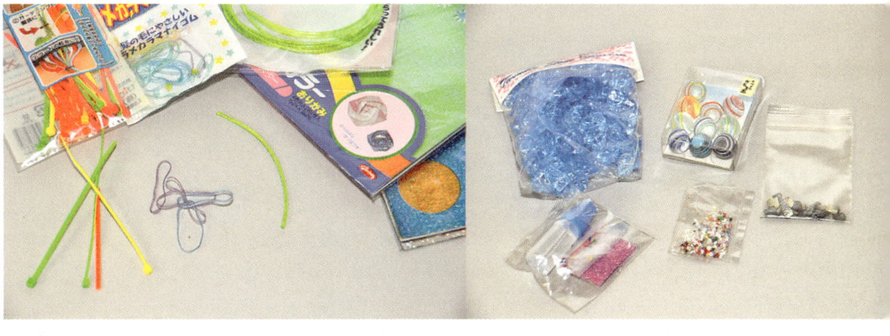

オブジェクトに使うものは何でもいい。ビー玉、プラスティック小片、輪ゴム、ビーズetc、100円ショップ、ファンシーショップで探してみて。

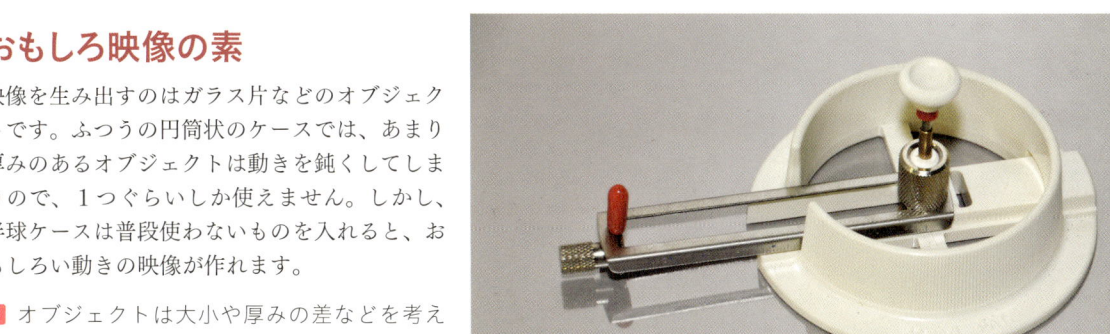

Kaleidoscope 2

No.6
糸巻き万華鏡

作り方 16 ページ

糸巻き万華鏡

糸巻きって今はあまり見ないようになってしまいました。でも織物をやっていれば、糸を使い終わった後の芯が次々にたまります。ゴミとして捨てられてしまうものを拾い上げ、万華鏡に。新たに糸を巻いておめかしを。

毛糸を巻いてビーズを飾ったら暖かい感じになった。余った毛糸で気軽に作れるアイテム。

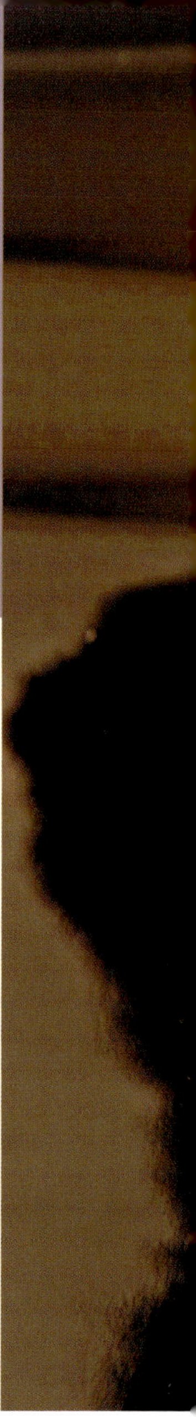

ちりめん布の人形やビーズで作った飾りをつけるだけで、おしゃれ感が倍増する。

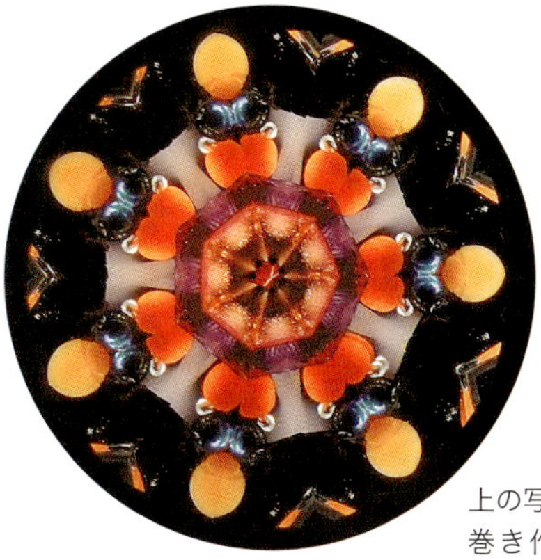

上の写真左、紅白の糸巻き作品Ⓐの映像。ツーミラー。

Ⓑの映像。外観に合わせてシックな色合いに。ツーミラー。

No.6　糸巻き万華鏡

作り方

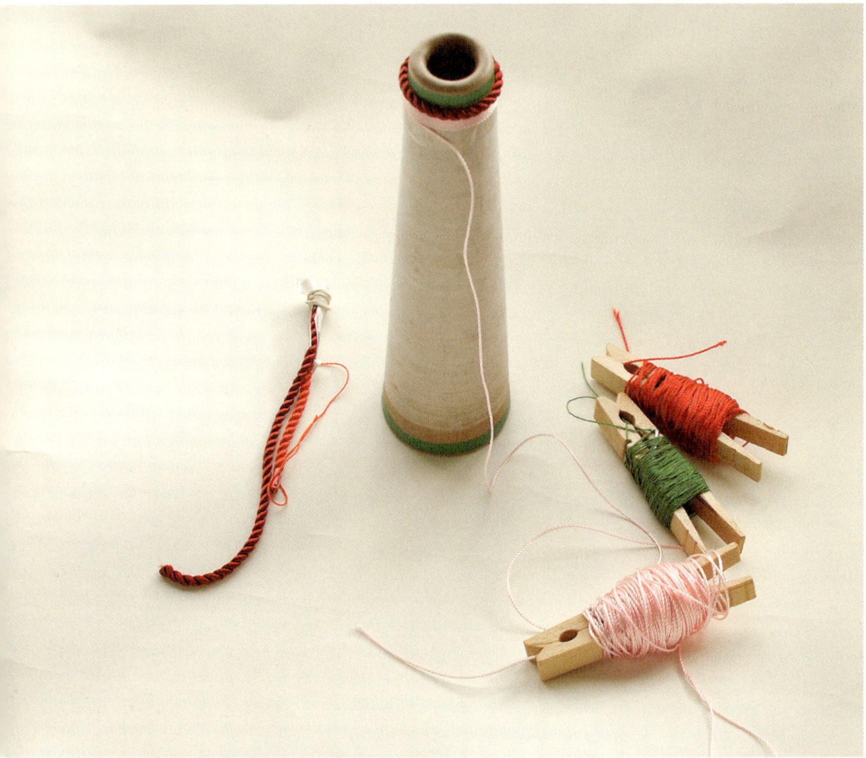

日本の美を作る

丹念に糸を巻いていけば誰にでもできます。色や太さは自由自在に選べて、組み合わせ次第できれいな万華鏡になります。艶のある細い糸を使えば和風の優美な作品に、細い毛糸や荷造り用の粗い麻紐も味のある風合いになります。

巻きはじめは細いアイホール側から。両面テープに押しつける。

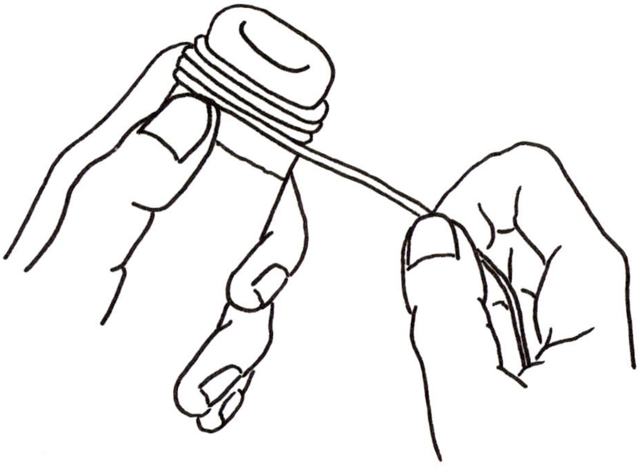

100円ショップで売っているリリアン糸。十分使える。

糸巻きは慌てずゆっくりと

1. 糸をゆるみなく巻いていくには、筒のボール紙に両面テープを貼り、そのテープの上に糸を貼り付ける感覚で巻き、隙間ができたらへらなどできっちり押さえこむ。
2. 色違いの糸に変えるときは、先に巻いている糸の下に次の色の糸を少し巻き込むようにすれば、境目は目立ちません。

プラスαの飾りを付ける

手製のアクセサリーや、市販の小さな人形をつけることも可能です。
ポイントは糸を巻き始める前にどこにつけるか簡単な図を描いておくことです。
つける飾りにループをつけておき、巻く糸を通せばしっかり固定されます。

材料と道具

- ボール紙製糸巻き（円錐状）
- 糸（毛糸、組紐用、リリアン用、凧糸など太さや色はお好みで）
- 両面テープ
- へら
- ハサミ

使う糸の色を

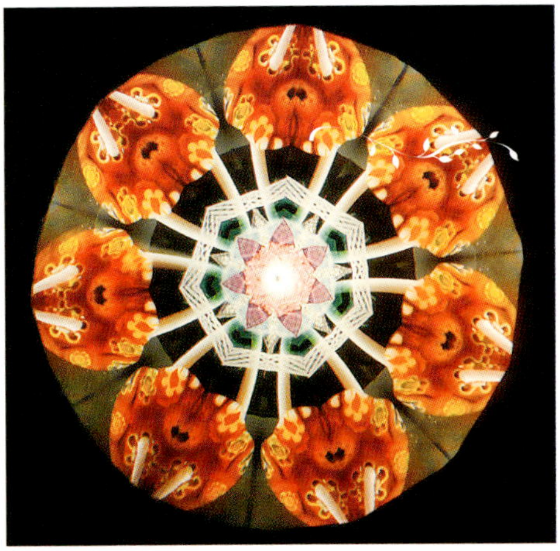

一筋の緑を生かす

作品の外観と映像のイメージが一致すると、万華鏡の完成度は一段と高くなります。赤が主体のオブジェクトに少しの緑を加えるとこの様な映像になる。

青と緑の組み合わせ

薄い青と緑の組み合わせ、清涼感のある映像です。映像の中心にある金色の形が何かの幹のようです。外側アイホール側の一筋の金色が利いています。

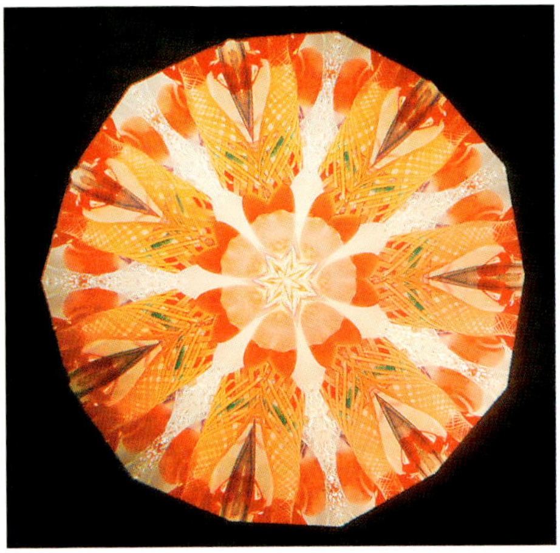

赤の線でまとめる

朱、赤、えんじと赤系の糸が使われています。オブジェクトのガラス片に円形のものは使っていません。無色半透明のオブジェクトが一段と引き立ちます。

映像に生かす

同じ赤系も質を変える

細い糸から太い糸へ同じ赤糸を使っていて色具合が微妙に変化しています。オブジェクトもケース外蓋を赤く塗り光の量を制限して、赤の世界を作っています。

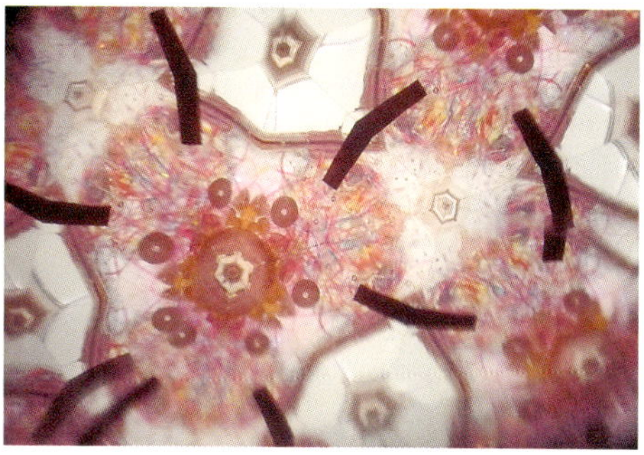

ピンクと白でかわいらしく

赤とピンクの糸に白のアクセサリー。女性に好まれる外観そのままに映像が作られています。中のオブジェクトに黒を加えることにより、きりっと引き締まりました。

黒の外観に鮮やかな赤

オブジェクトケースの外蓋に半透明の波板ガラスを使っています。そこから入る乱反射の光が、赤を主体のオブジェクトに様々な変化をもたらします。

Kaleidoscope 3

No.7
毛糸編み万華鏡

作り方 22 ページ

毛糸編み万華鏡

ここでご紹介しているのも万華鏡。ボンボン型や犬型に毛糸を編んで、その中に筒型の万華鏡を入れています。ぬいぐるみのような感触で、中をのぞくと光の世界が見える。何でもありの、楽しくて驚きの発想です。

「ボンボン型」Ⓐの映像。中にこんな映像が見えるなんて誰もが驚く。スリーミラー。

筒状に編んで

毛糸ですっぽり包んだ万華鏡。手に持ちやすく、壊れにくいので、お出かけ先にも気軽に持って行けます。汚れたらまた取り替えるのも簡単。毛糸だけでなく、レース糸やリリアンなどを使って編めば違う雰囲気に。

なんだろう？　中にペットボトルでも入っているのかな？　と思わせて実は……。

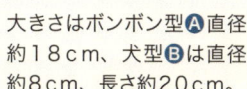

大きさはボンボン型Ⓐ直径約18cm、犬型Ⓑは直径約8cm、長さ約20cm。

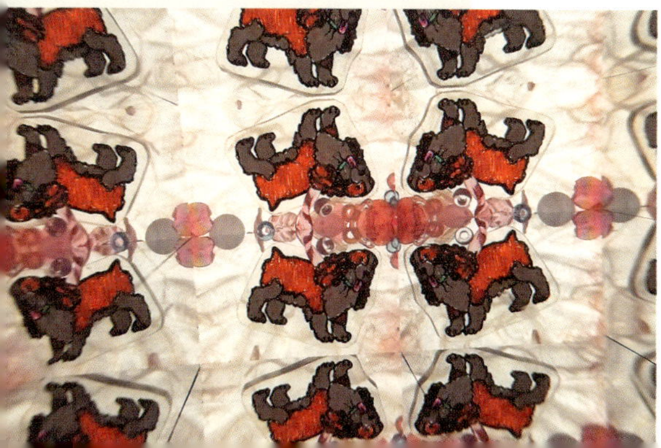

「犬型」Ⓑの映像。ちゃんと犬が見えます。それもたくさん動いて！　スリーミラー。

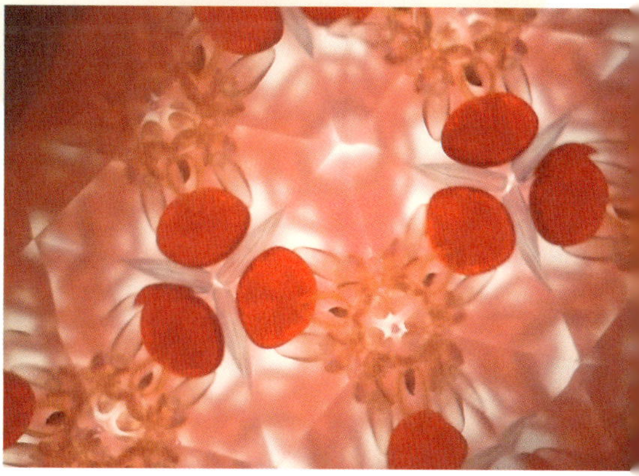

「筒型毛糸編み」Ⓒの映像。毛糸のピンクがオブジェクトに反映して。スリーミラー。

No.7　毛糸編み万華鏡

作り方

ボディ全体を包み込む

初めて作った万華鏡の外観があまりきれいに出来なかった、初心者向けのキットは工作見本みたいで物足りない。そう感じている人にうってつけのが、毛糸編み万華鏡です。
編み物をやったことのある人ならすぐ出来ます。筒の太さや長さに合わせて、筒型に編んで万華鏡をすっぽり覆ってしまえばいいのですから簡単です。万華鏡の映像に合わせて、色や毛糸の太さを合わせれば世界に一つしかない手編みの万華鏡になります。詰め物をしてぬいぐるみのようにも出来ます。もちろん、中心には万華鏡が組み込まれています。

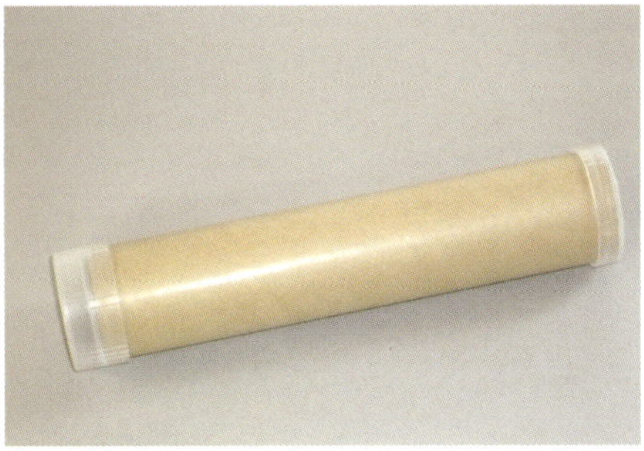

教材用の万華鏡キットは安くて簡単にできますが、外観は素っ気ないもの。

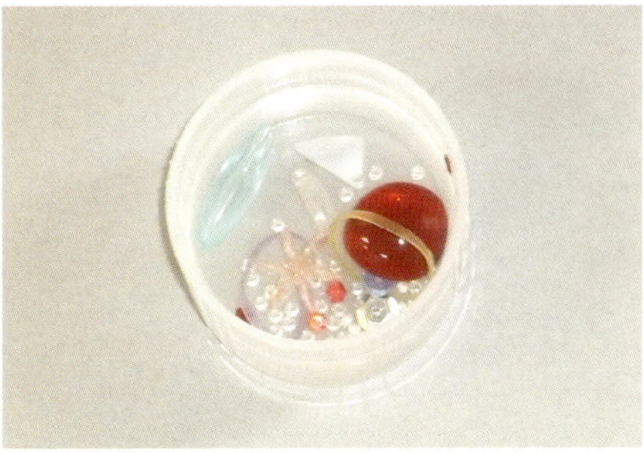

キットについているオブジェクトをそのまま使うのではなく、外側の毛糸の色に合わせて選ぶ。

映像のイメージを組み立てたミラーで覗いて確認してから最終組み立てをする。

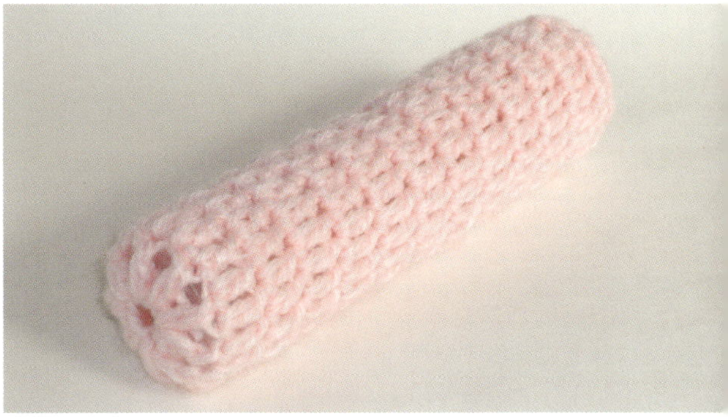

アイホール部分
編み始めにアイホールの穴をきちんと確保してから、編んでいく。

オブジェクト部分
編み目にわざと空きを作ったりすると、オブジェクトの役割を果たす。

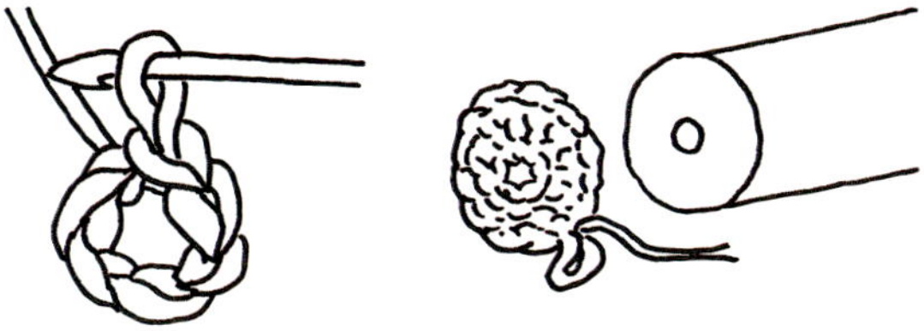

鎖編みを輪にしてから、細編みで目を増やして円形に編んでいく。
筒の直径までいったら目の数を増やさず筒の長さまで編み続ける。

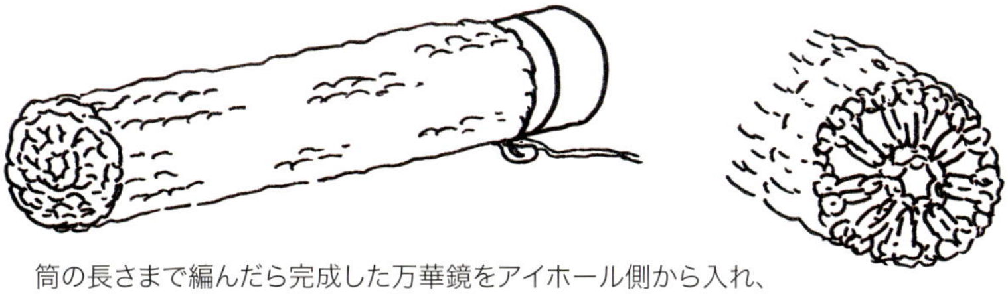

筒の長さまで編んだら完成した万華鏡をアイホール側から入れ、
オブジェクトケースを包むように編んでいく。

オブジェクトを包む毛糸の編み目と色が映像に反映されています。

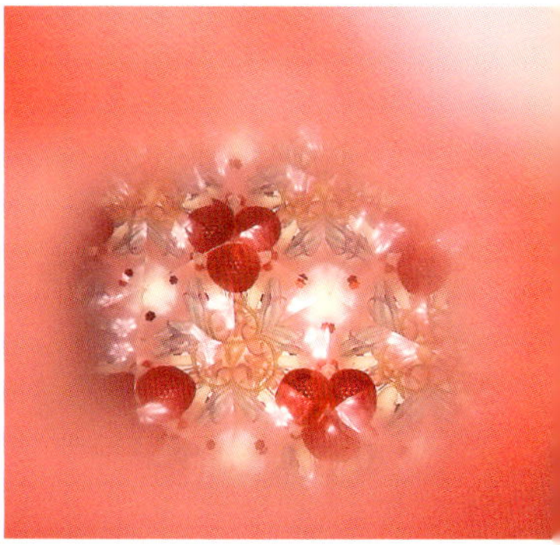

形も色も自由自在に

ボンボンや犬の中に万華鏡。形も色も思いのまま、ただしオブジェクトとアイホールのための隙間を取るのを忘れないで。

万華鏡の筒の形にとらわれず、自由な発想で形を考えボンボンでもぬいぐるみでも万華鏡本体よりも大きく編みます。出来たら、中に詰め物をして中央に万華鏡本体がくるようにすればいいのです。

材料と道具

- ボール紙筒（ラップの芯など）
- 毛糸（好みの色、太さで。アクリル糸が色は鮮やか）
- 編み棒

7色のぬいぐるみにした万華鏡、オブジェクトケースは犬の口になっている。

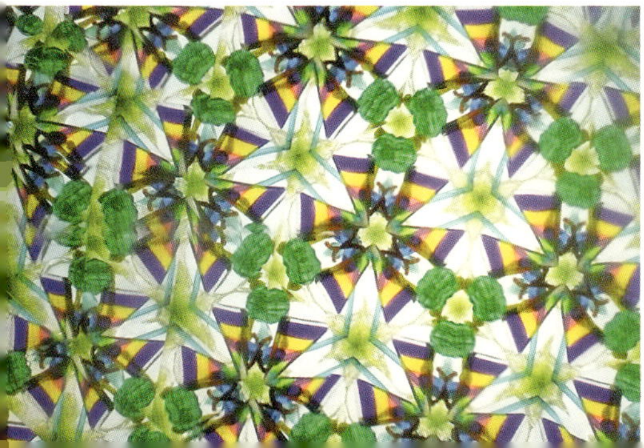

「ボンボン型」Ⓐ万華鏡のミラーはスリーミラー。こんな映像になる。

「犬型」Ⓑの万華鏡。フォーミラー。犬の形が現れたり消えたりする。

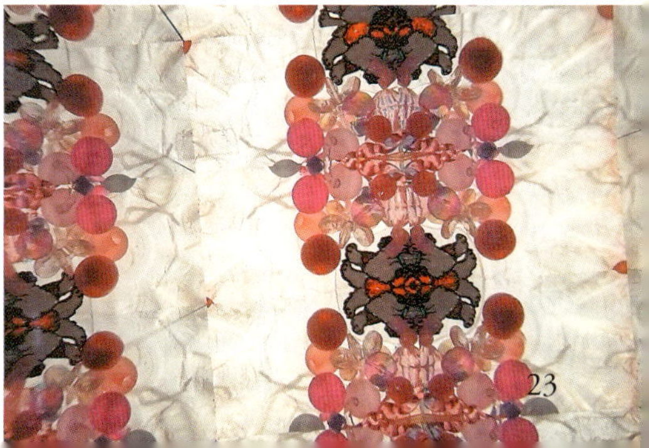

Kaleidoscope 4

No.8 思い出万華鏡

作り方 28 ページ

ホイールを自由な発想で

組んだミラーの先端に円板のオブジェクト（ホイール）をつけて回しながらのぞきます。ホイールは何でもいい。ここでは思い出を残すためのアイテムを集めてみました。厚紙を丸く切り抜いて絵を描くだけのホイールでも、あっと驚く映像に生まれ変わります（ホイールの作り方は 29 ページ）。

ホイールの形

この「思い出万華鏡」は、ホイールをどんな風に作るかで可能性が無限に広がります。今回は”夏の思い出を箱に閉じ込める”というテーマにしてみました。①絵日記代わりに一日１枚ずつ描く②牛乳パックの手すき紙に思い出の品を乗せる（山で採った葉っぱ、押し花、海で拾った貝殻）など、いろんな発想で楽しめます。ふだんの生活の中での小さなものを利用するのも面白く、親子で、グループで、クラスで一緒に楽しみましょう。

プラスティック板を円形にカットして、絵の具で彩色、ステンドグラス風に。こんな簡単な模様で大丈夫。

もう少し楽しみたければ、こんな風に絵を描いてもいい。もっとも複雑に描いたからいい映像が出来るとは限らない。

円形プラスティック板にファンシーショップや 100 円ショップで売っているビーズ小物やクリップを貼り付けたもの。

ホログラムのプラスティック板に樹脂で出来た面白い形のシールを貼った。透過性のあるものがきれいに映る。

千変万化の映像

一つのオブジェクトでさえ数え切れない映像を映し出してくれる万華鏡です。ホイールをいくつも作れば映像の楽しみは無限。みんなで作ったものを、一つずつ先端の棒にはめて眺めれば、賑やかな歓声が湧き起こるでしょう。

下の「絵日記」の映像。お花の真ん中、ぐるぐる回っているところにミラーが当たるとこんな形に見えるわけ。

牛乳パックの手すき紙を円形にして、ドライフラワーを乗せる。のぞくと小さな花がいくつも見えるのでびっくり。

「絵日記」の違う映像。「日記」の「記」の字、ごんべんの部分にミラーが当たって。子どもがきっと喜びます。

厚紙に千代紙を貼って黒く枠を取った。これははっきりした色味だが、どんな色味でもそれなりの面白さが出る。

「思い出万華鏡」のテーマである絵日記。一日1枚一言ずつ書いてはいかが。俳句を作ってもよいかも。

No.8 思い出万華鏡

作り方

筒の外側につけた円板がオブジェクトになるのがホイールタイプの万華鏡。身近な材料で円板をたくさん作り、絵を描いたり思い出の物を貼り付け収納のお菓子箱の上につければ万華鏡の日記帳です。

筒の長さより小さめの箱を用意して、アイホール部分が箱の外側に出るように設置する。

ホイール側は円板を回転させても箱にぶつからないよう、さらに余裕を持った空間を作るようにする。

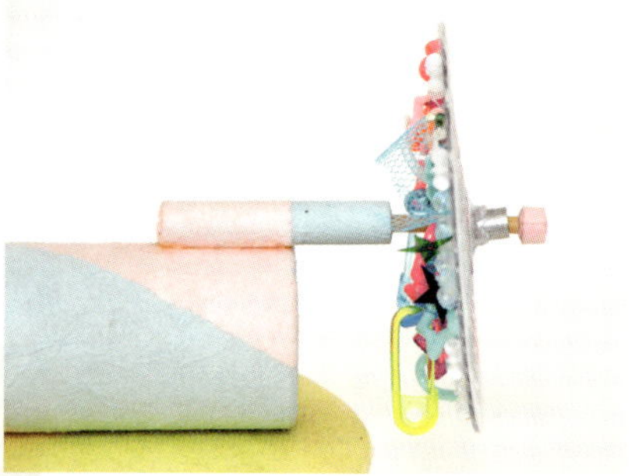

ホイールの軸受けが上に来るのが肝心。ミラーを組み込むときも注意して固定するようにする。

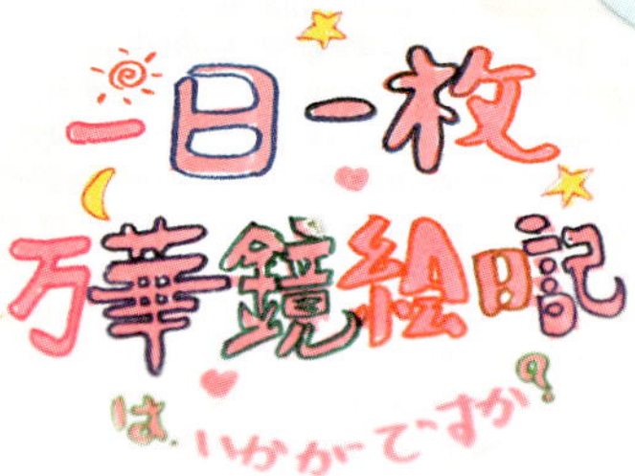

材料と道具

- ボール紙筒（ラップの芯など）
- ボール紙製箱（筒の長さに応じて楕円や角形の高さのある箱）
- 色紙
- 軸受け用円筒（細い紙製や木・竹製など）

ホイール万華鏡の仕組と用語

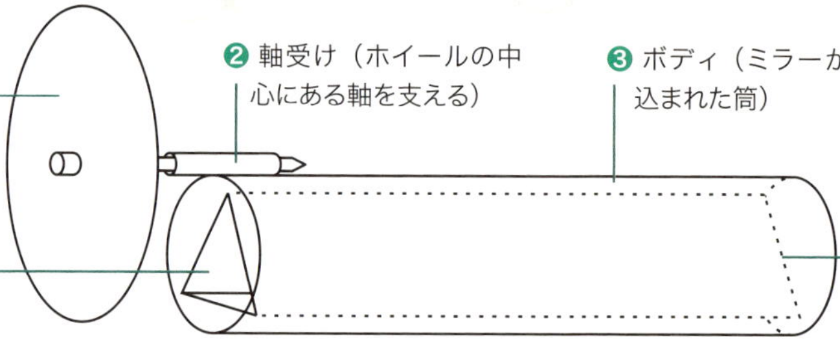

ホイールをいろいろ作ってみよう

万華鏡の映像は、オブジェクトの組み合わせや動きと鏡の反射で作られます。オブジェクトはそれだけ重要なのですが、簡単にいくつも作って交換したらどうでしょう。ホイールなら身近な材料を利用し何枚も出来て、キレイに面白く、思い出づくりにもなります。

ホイールの作り方

1 自分で紙をすき円板を作る

材料と道具

・料理用ふるい（直径 10 センチ前後）・バット（深さ 15 センチ以上）・ミキサー・アイロン・タオル・水切りネット

プロセス

1

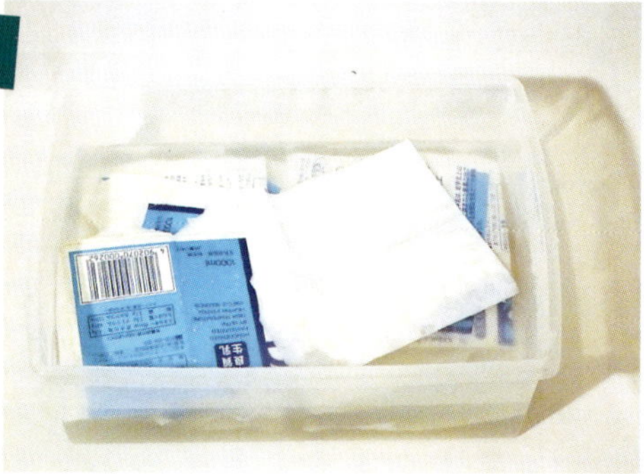

牛乳パックのフィルムをはがす

紙すき材料は入手しやすい牛乳パック。まず、10 センチ四方前後に切って水に漬け、表面のフィルムをはがす。

2

ミキサーで細かく

柔らかくなった紙を小さくちぎってミキサーに入れ、どろどろな状態にしたらバットの中に入れ水を入れてかき混ぜる。

3

円形のふるいですく

ちょっと水気の多いのりの様な状態になったら、料理用の小さなふるいで揺すりながら表面が平らになるようにする。

4

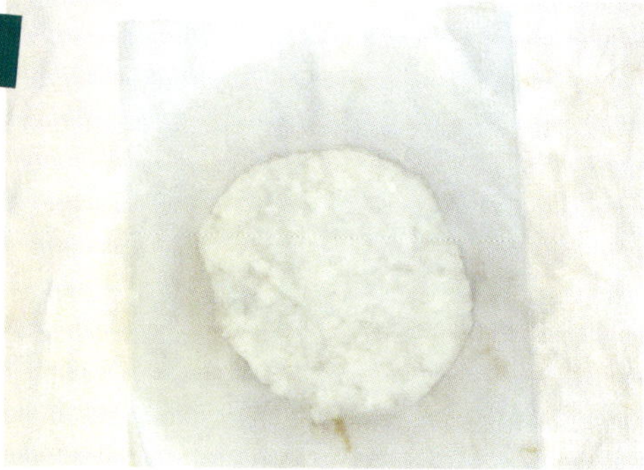

ネットの上で水切り

下にタオルなど置きその上に流しで使う水切りネットを置く。その上にふるいですいた紙を置き水を切る。

5

アイロンで乾燥

水気が十分にとれたら、アイロンを低温で当ててさらに乾燥させる。丈夫で厚みのある手すき円板が完成する。

6

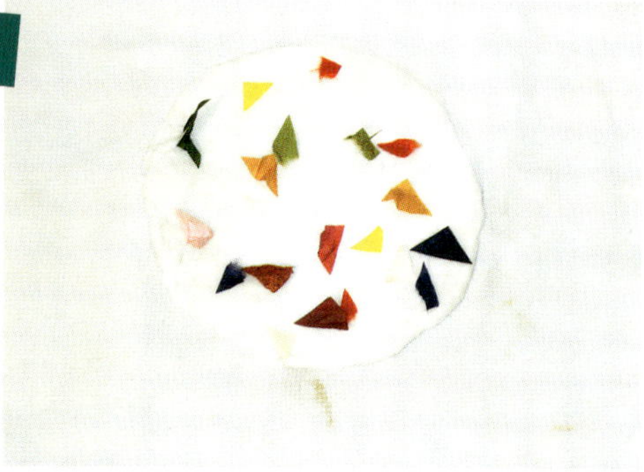

模様を付ける

乾燥したら絵の具で絵を描いたり、押し花を貼ったり、色紙をちぎって散らして貼ったり自由に模様を描く。

2 プラスティック板にステンドグラス風に描く

マーカーで絵を描く　ポイント

透明なプラスティック板を使い、ステンドグラスのように描くこともできます。普通のマーカーでもいいのですが、プラスティック用の絵の具を使うと光を通すので、黒で縁取りして彩色すればステンドグラスのよう。具体的な花や動物もいいですが、線と色の組み合わせだけでも面白い効果が出ます。ミラーを通すと描いた時に想像したのとは違った映像になります。

プラスティック板用の絵の具。色数はあまり多くはないが、サインペン式なので便利。

材料と道具

- 厚手のボール紙
- プラスティック板（透明）
- 牛乳パック（手すきのホイール用、材料と道具、作り方はP30に）
- 編み棒、丸い竹箸（菜箸など、ホイールの回転軸）
- クレヨン、水彩絵の具、マーカー（絵、文字描き用）
- 簡単ステンド絵の具（プラスティック板用）
- 色紙、貝殻、押し花、プラスティック文房具など（貼り付け用）
- カッター、ハサミ
- 定規
- 接着剤（のり、各種ボンド）

3 あるものを利用する

四角いケースもOK

円板のほうが回しやすいのですが、四角で薄く透明なフロッピーケースなども使えます。ケースの中心に軸を通す穴を開け、穴に合わせたチューブを通し中にオブジェクトを入れれば完成です。

ケースの裏表とも透明なのでオブジェクトは多めに入れたほうがきれいな映像になる。

水引や色付チューブで

厚手のボール紙の中心に穴を開け、周りは水引（紙製の紐）やビニール製のカラーチューブを使って幾何学模様を描きます。色の組み合わせと直線や曲線の組み合わせでデザインは無限です。これらの素材は100円ショップなどで簡単に手に入る物ばかりです。コツは円板に下絵を描いてから貼ること。

接着剤を多くつけないで、下絵の線に合わせて貼る。接着剤がはみ出すとキレイにできない。

ホイールの種類とその映像

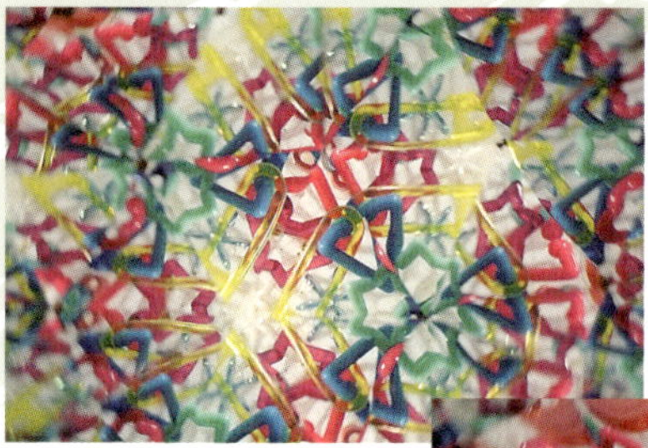

半透明のプラスティック円板を使い、プラスティック製のクリップなどの文房具や、同じ素材の子ども向けのアクセサリーを思いつくままにボンドで貼っていく。ハートや星などが重なり合っていても、光を通す素材ばかりなので予想外の面白さになる。

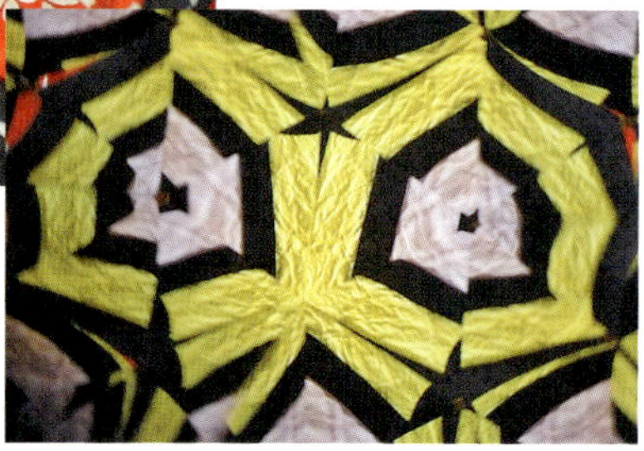

紙の円板に千代紙や色紙を黒い縁線の中に貼ったホイール。出来上がったホイールだけを見ると和風の印象だが、ミラーを通すとまったく違った映像になる。それが万華鏡映像の面白さ。簡単ホイールなら何枚も作って楽しめる。

手作りの紙にドライフラワーなどを貼り付けたホイール。プラスティック製に比べると色の鮮やかさはないが、深みのある落ち着いた映像になる。手作りの紙は表面がでこぼこしているが、すく時にのりを混ぜてすけば表面は平らになる。

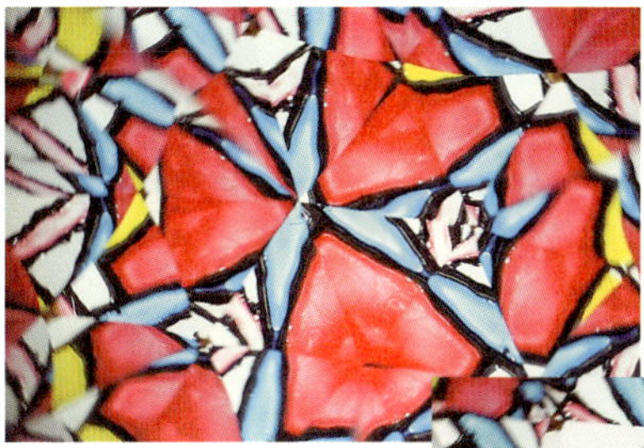

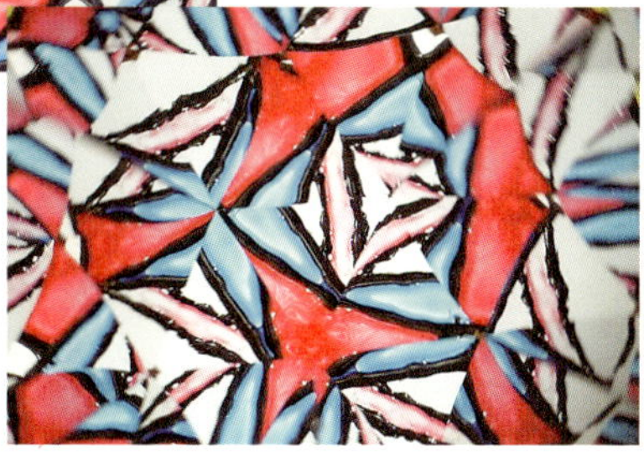

プラスティック板のホイールは単純な線と色が意外な効果をあらわす。初めて作る時はあまり考えずにこうしたホイールで十分楽しめる。絵の具の使い方になれたら、もっと複雑に、もっとキレイにと絵を描くのも楽しくなる。

円板にホログラム板を使ったホイール。ホログラムは虹色の反射光を生み出すので、単純な色のプラスティック製品を貼り付けても、こんな複雑な色合の映像になるというのが面白い。ただし、形の線は印象が薄くなる。

揚羽蝶とチューリップをステンドグラス調に描いたホイール。ミラーに映り込む範囲や角度によって、蝶の羽根が三角になったり、チューリップが見たこともない花に変化している。ホイールをほんの少し回してもまた変化する。

No.9 紙風船万華鏡

作り方 36 ページ

思いがけない形・これも万華鏡

紙風船の中が万華鏡だなんて、誰が想像するでしょう！しかも中に鈴も入っていて、そっと持ち上げるとかすかに鈴の音が聞こえます。西欧から来たカレイドスコープが、和の万華鏡に変身。贈り物にいかがでしょう。

No.9「紙風船万華鏡」の映像1。紙風船の表面の模様をイメージしてみた。5つの線が中心から出る。ツーミラー。

No.9「紙風船万華鏡」の映像2。ツーミラーの頂点の角度を72度にすると5つの反射が出来る。

Kaleidoscope 6

No.10 ロケット万華鏡

作り方39ページ

筒の模様が不思議な映像

ふつう万華鏡のオブジェクトは組んだミラーの外側にあり、三角錐（まれに四角錐）の内側の鏡に映り込んだ映像をのぞきます。しかしこれは、筒そのものを、外側に向けて組んだ鏡で見るようにしました。しかも、三角、四角、半球のミラーが内蔵されているので、いくつもの映像を楽しめます。アクリル筒にステンド様の模様を施したものと、筒の内側に絵を巻き付けたものと、作りました。

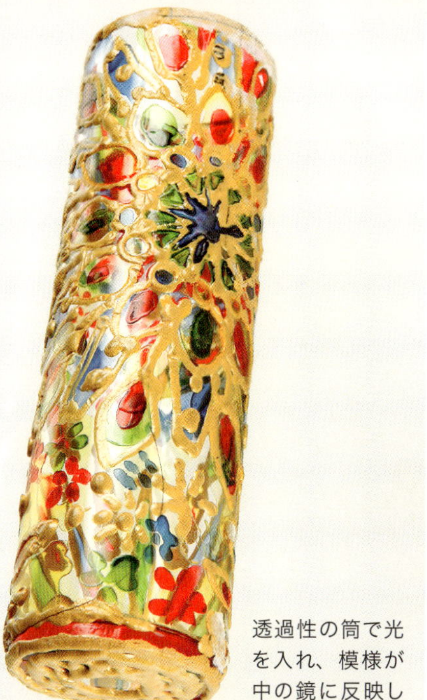

透過性の筒で光を入れ、模様が中の鏡に反映して、映像となる。普通の万華鏡とは逆転の発想。

これは透過性の紙に絵を描いて、透明の筒に巻いたもの。左の作品と同じ効果に。

No.9　紙風船万華鏡　作り方

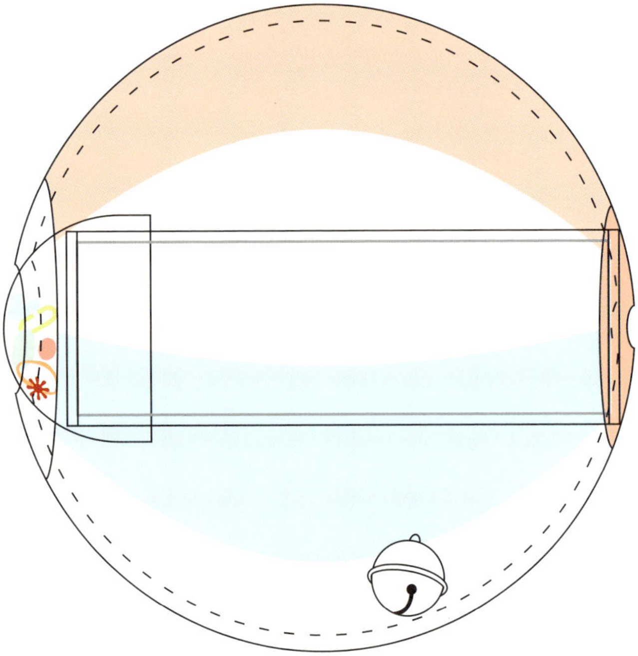

材料と道具

- 発泡スチロール（紙貼りの芯直径 10 cm前後）
- 和紙（基礎用には障子用でも可）
- 色和紙（仕上げ用）
- のり（普通のでんぷんのり）
- 刷毛（障子貼り用の平刷毛）
- ハサミ
- 接着剤（万華鏡筒固定用）

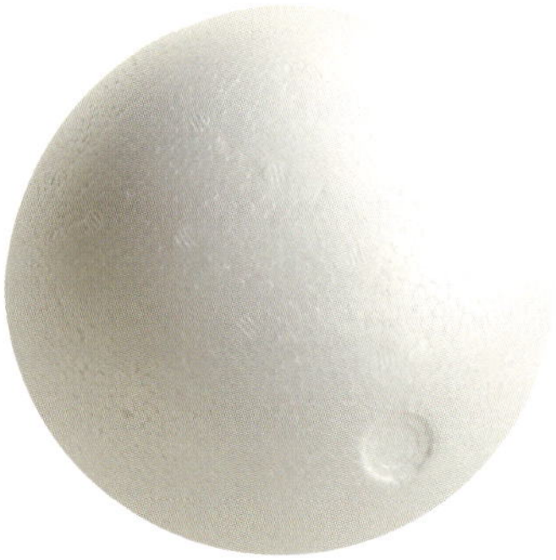

芯となる発泡スチロールの球。

紙風船の基礎を作る　プロセス

紙を何枚も貼り合わせ３～４ミリの厚さの基礎を作ります。

1. 発泡スチロールの芯の表面を軽く湿らせ、十分にのりをつけ紙を貼る。
2. 重ね貼りは紙を小さくちぎって使う。
3. 十分乾いたら斜めに切れ目を入れ芯を取り出す。

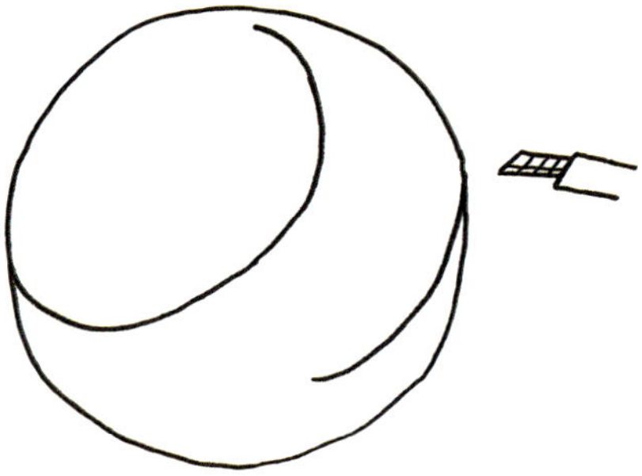

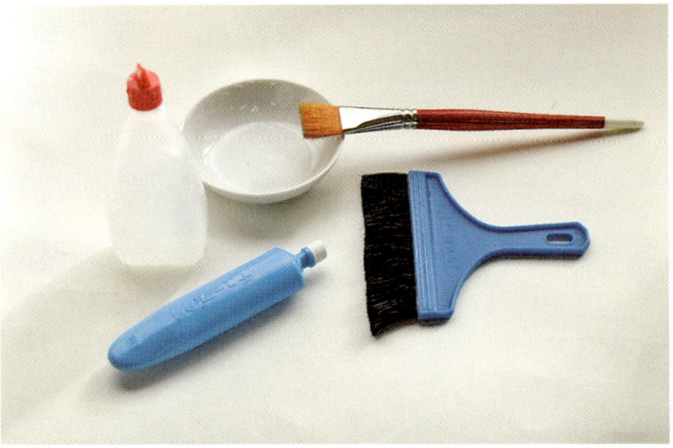

紙貼りに使うでんぷんのりと皿、平刷毛、平筆。

乾燥後取り出した基礎（左）と芯の発泡スチロール。

中に入れる万華鏡を作る

1 仮に半球のオブジェクトケースをつけた紙筒を、基礎の内径にあわせた長さに切る。その際、アイホール側で筒を固定するのりしろ部分のため２センチほど長くする。

オブジェクトケースは中身を入れ、紙筒の径と合うか確認する。

アイホール側ののりしろ部分を軽く折り曲げ基礎の内径と合わせる。

2 ミラーを組み立てる

3本のミラーを筒の長さと内径に合うように3角形に組む。

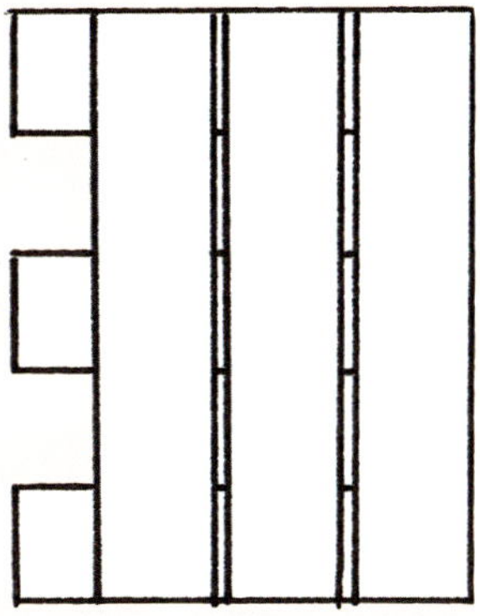

3 ミラーの組み方が映像の決めて

ツーミラーもスリーミラーも３角形に組みますが、その組み方によって万華鏡の象徴ともいえる映像が左右されます。上の図のようにテープでとめるのですが、いくつかの注意点があります。

1. 保護シートをはがす時ミラー面を汚さないよう注意。
2. 組み立てテープでとめる時、ミラーの隙間がなく歪まないよう加減する。

仕上げの組み立てと紙貼り

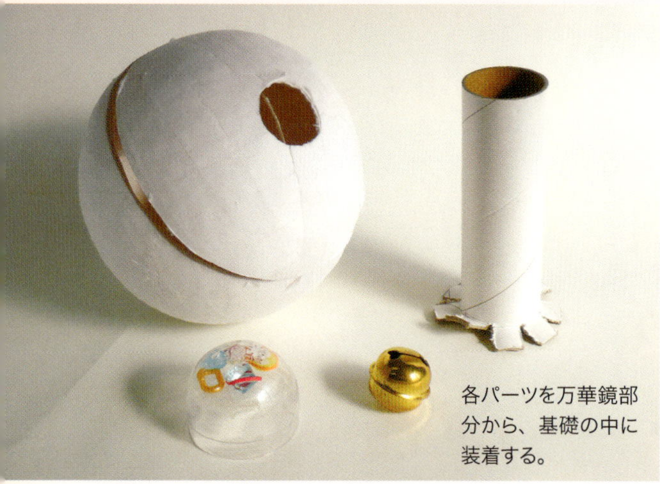

各パーツを万華鏡部分から、基礎の中に装着する。

作り方

1. ミラーを筒に入れ、オブジェクトを入れたケースをつけ、のりしろを折り曲げる。
2. 基礎の上下に4センチほどの穴を開け、下の穴の内側にアイホールの紙を貼る。
3. その上にのりしろに接着剤をつけ万華鏡部分を固定、乾燥する。
4. 鈴を入れ上の穴をオブジェクトに合わせて抑え、切れ目をテープで固定する。
5. 仕上げに白い和紙、楕円状の色紙、アイホールの赤い紙の順で貼っていく。

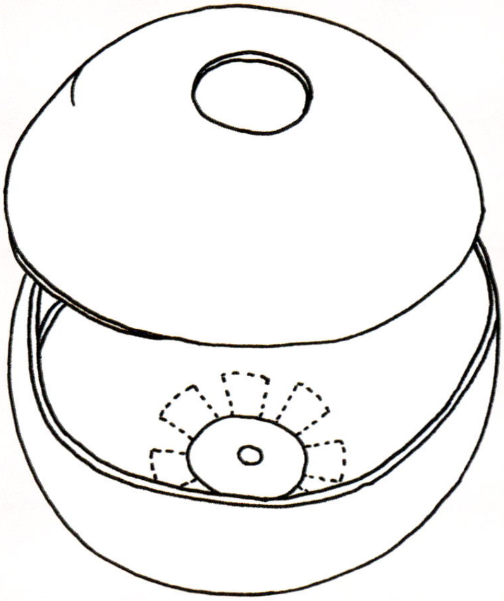

色紙は好みで自由に貼る。

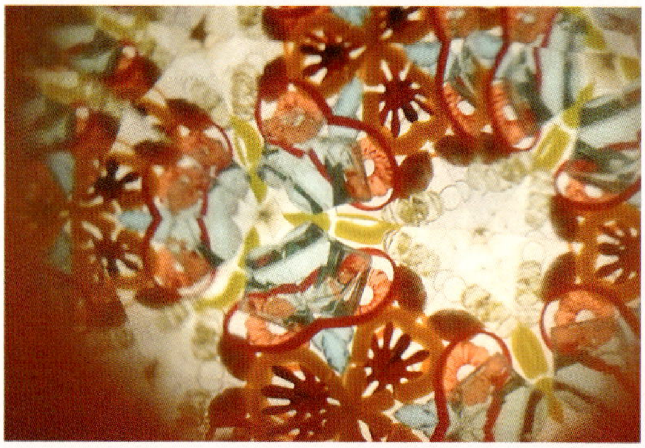

紙風船をのぞいてみる万華鏡の映像。

No.10 ロケット万華鏡

作り方

この万華鏡は透明な筒に模様を描きその中に６面体や６角錐、半球状のミラーを筒の中で上下して映像を楽しむものです。

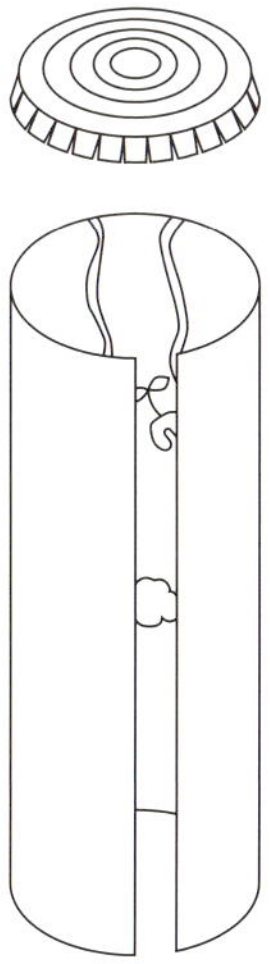

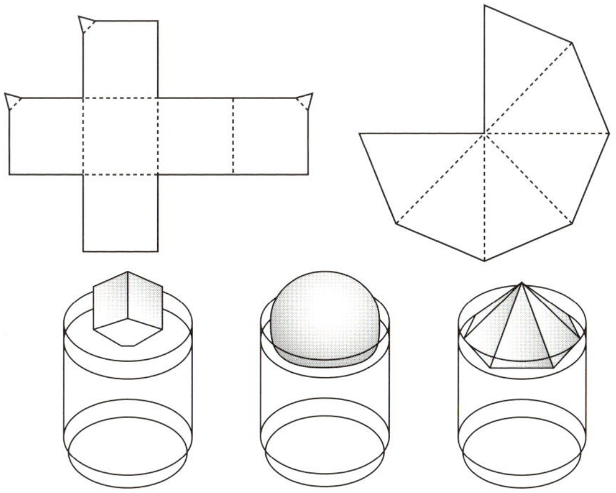

材料と道具

- 透明プラスティック円筒
- 透明プラスティックラウンドケース（3 個）
- プラスティック鏡
- 半球状鏡
- プラスティック板
- 樹脂用絵の具（マーカー、ステンド絵の具など）
- 樹脂用接着剤
- カッター

1 筒は適当なサイズがなければ、透明なプラスティック板を丸めて筒を作り、樹脂用絵の具で模様を描く。
2 ６面体や６角錐のミラーは上のイラスト展開図のようにミラーを切り、鏡面の反対側にカッターで浅く切り折り線にして組み立てる。半球はクリスマスツリー飾り用を半分に切る。
3 ラウンドケースの底に接着剤でミラーを固定。アイホールの穴を開けた板を筒の上につけて完成。
4 筒の中でミラーを上下する。

６面体の角でミラーを接着すると面白い映像が楽しめる。

半球状のミラーはケースの中央になるよう注意して接着。

ミラーが曇らないよう手袋をして接着するとクリアな映像に。

立体映像になり、ミラーを上下すると連続的に変化する。

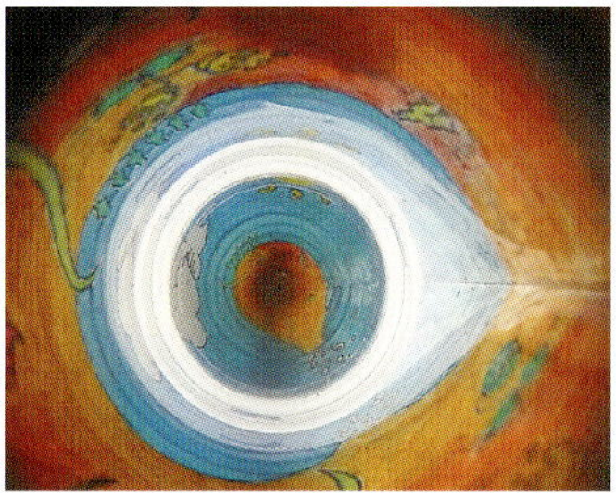

巻いた絵によってまるで宇宙船から地球を見ているような映像に。

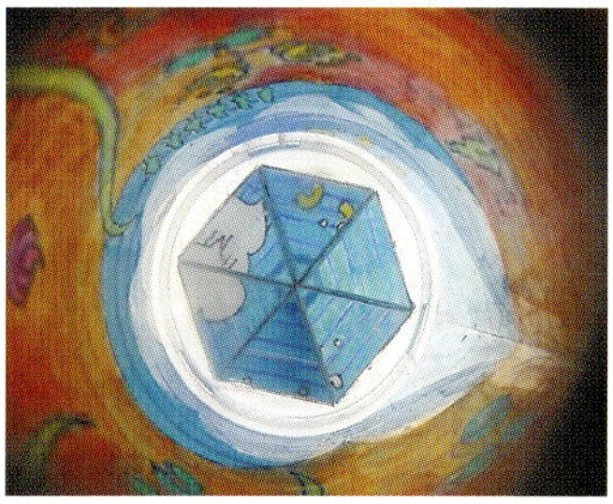

普通の万華鏡とは違った６分割の映像が上下動で変化する。

No.11

粘土万華鏡

作り方 42 ページ

本格的な焼き物なら重厚感たっぷり。デザインなどちょっと参考に、乾かすだけで出来る粘土に挑戦してみよう。

焼き物の万華鏡です。備前の土なのに西欧風アンティークな仕上がり。しかし本格的な焼き物は素焼きをしたり釉薬を掛けたり、第一、窯がなければ出来ません。そこでここでは乾かすだけで出来る粘土を紹介します。糸巻きの芯や既成の筒を利用し、粘土で外観を成型。型押しやレリーフで飾ったら、立派な作品になります。親子で一緒に作ったら楽しいのではないでしょうか。

No.11「粘土万華鏡」右側、蔦の葉模様作品Ⓑの映像。ローマン模様の外観に合わせて。ツーミラー。

左側、バラの模様作品Ⓐの映像。外観共にクラシカルな雰囲気を醸し出す。ツーミラー。

蔦の葉模様Ⓑ映像の別バージョン。赤いオブジェクトの位置がずれるとこんな映像に。

布目の地にバラの花の印刻とレリーフがゴージャス。レリーフは粘土を丹念に彫刻して。

No.11　粘土万華鏡

作り方

乾燥粘土で自在の飾り

基本は紙筒に粘土を貼る

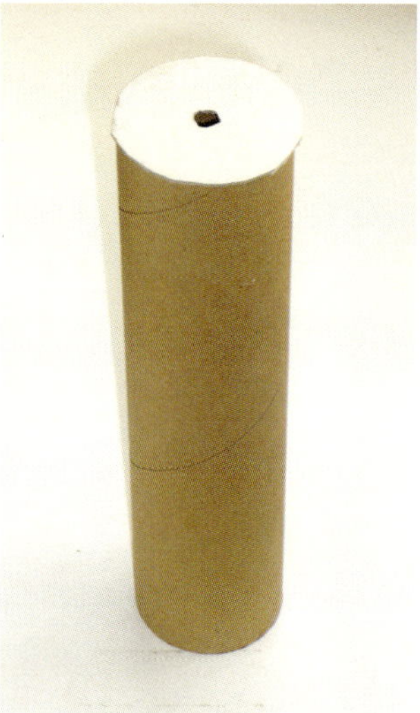

20センチ前後のボール紙の筒に、アイホール用の穴を開けた蓋を接着剤などであらかじめつけておく。

粘土はよくこねて使いやすい柔らかさにし、使う分量を湿らせた板の上に用意する。筒の大きさの板状に伸ばしておいても良い。

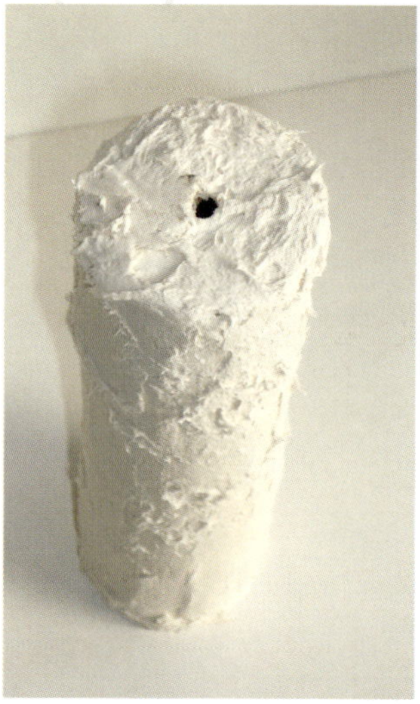

ボール紙の筒は少し湿らせてから、手に水をつけ粘土を伸ばすように筒に貼っていく。筒と粘土の間に隙間のないようにするのがコツ。

材料と道具

- ボール紙筒
- 乾燥粘土（石風、木風など好みで使う）
- サンドペーパー
- 布
- アクセサリー用レリーフ

粘土の種類と貼り方　プロセス

1 乾くと木や石の質感になる粘土

紙や木、プラスティックにも手軽に貼れる乾燥粘土が数種類があります。乾燥すると丈夫で木や石の感じになり彩色や彫りも出来ます。

2 貼り方は少しずつ

筒の表面を湿らせて、粘土は少しずつ伸ばして貼り付ける。一番下は薄く伸ばして空気の隙間が残らないようにする。

3 仕上げはお好みで

全体に貼り終わったら、ぬらした手でしごくようにして形を整える。表面を滑らかにするには紙ヤスリで形を整える。

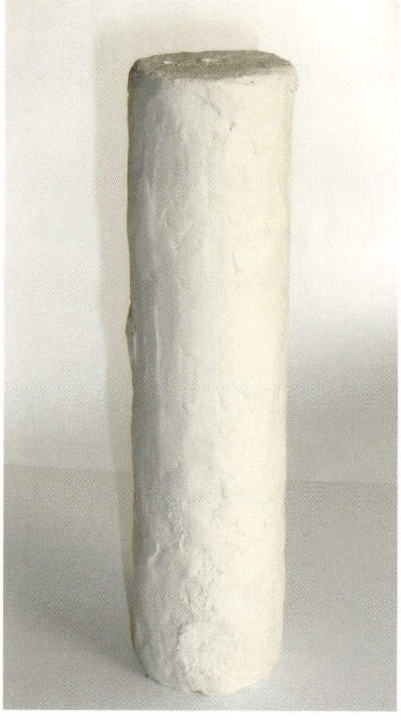

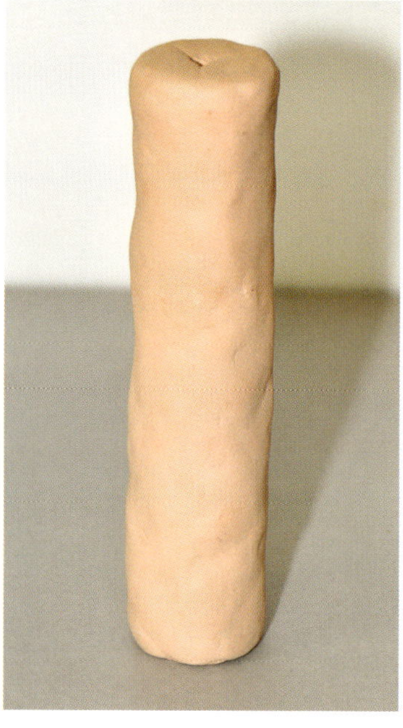

レリーフなどでアートする

レリーフを貼り付ける

写真のような陶芸のレリーフを乾燥粘土でも出来ます。あらかじめ、木の葉や動物などのレリーフを違った色の粘土で作ったり、同じ色でもあとで彩色することもできます。筒もレリーフもまだ湿り気のあるときに、粘土を水で柔らかくして接着剤として使います。陶芸のドベと同じです。はみ出た粘土は布で拭き取ります。

古布を貼る

あらかじめ紙ヤスリで乾燥した表面を滑らかにして、粘土の表面を軽く湿らせてから、布にのりをつけてシワにならないように貼る。使う布は着物地の端切れを組み合わせると、丈夫で軽く和風の筒が出来上がります。

Teleidoscope

No.12
バラのテレイドスコープ

作り方 45 ページ

No.12 バラのテレイドスコープ 作り方

ボディの周りをバラの花びらにカットした布で包む

万華鏡は筒型でなければいけないということはありません。展覧会に出されるような作家物の万華鏡には、実にさまざまな形があります。これはミラーを筒で保護して、その周りをバラの花びら状の布片で包みました。花びら布は手芸店などで売っています。そしてテレイドスコープにしました。オブジェクトの代わりに先端に透明の球体を埋め込みます。すると不思議、周りの景色がすべて万華鏡模様に見えるようになります。

材料と道具

- バラの花びら（市販のもの）
- ネット（赤、花びら留め用）
- 綿（詰めるため）
- 組紐用糸
- かがり針
- 布用接着剤

テレイドの不思議映像の仕組み

有田焼のテレイドスコープ。見る景色も美しさが増す。

どうして周りの風景が万華鏡模様になるのでしょう。それは透明の球体に映り込んだ風景が筒状のミラーにいくつにも反射し合って、万華鏡模様になるのです。オブジェクトがミラーに映り込むのと同じ、風景がオブジェクトだといえましょう。球体はアクリル製でOKです。風景だけでなく、人の顔や身近にあるもの、花でも本でもペットでも、何でも見てください。そのテレイドの映像を次ページで紹介します。

Teleidoscope

テレイドスコープ

テレイドスコープでいろいろなものを見始めると、やみつきになります。日常のつまらないもの、障子の桟とか水道の栓といった無機質なものが、結構面白いのです。ここではテレイドスコープで見たものが、こんな映像になるという例をいくつか紹介します。鉛筆やペットボトル、標識がこんな風になるの？と笑ってしまうでしょう。ツーミラーとスリーミラーで見え方が違い、ミラーの工夫でもっと違う映像にも出来ます。

雑誌

エンピツ

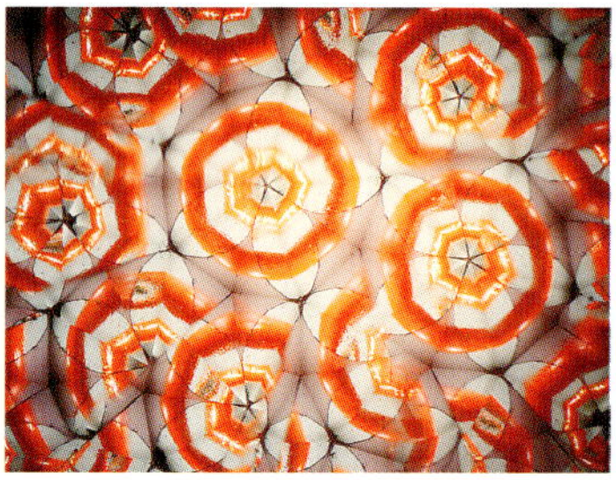

タバコ

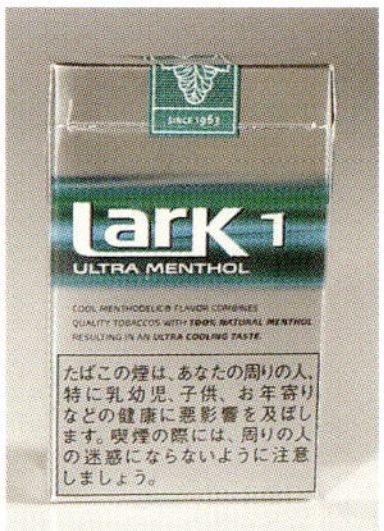

紙袋

ペットボトル

空箱

標識

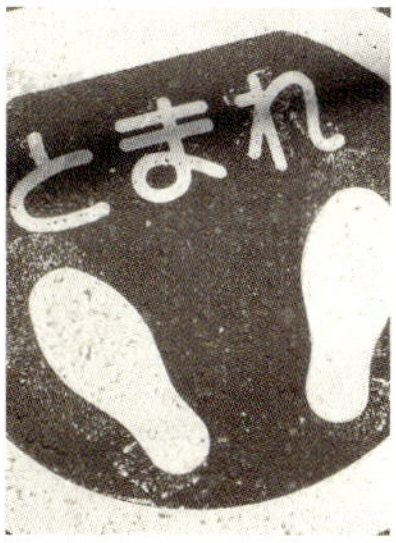

コーン

ふしぎ箱

—3D映像の立方体万華鏡—

厳密にいって万華鏡とはいえないふしぎ箱ですが、鏡の反射を利用するので、万華鏡の範疇に入れています。映像が動かないので、万に変化するとはいえませんが、また違う面白さを味わえるアイテム。今までにない新しいアート作品です。

千手観音。鏡の裏側に施した細かい彫りと彩色。絵を描くだけでも難しいのに、光を透過させてこのような映像に仕立て上げる技法は見事なもの。齋藤風子作。

無限に広がる簡単な模様
不思議の仕組み

3Dふしぎ箱は、6面の鏡で閉じ込められた空間に外から光を取り入れ、反射させて、どのような映像を浮かび上がらせるかを楽しむものです。鏡は2面だけでも永遠に映り込む様を見られるもの。それが6面になったらその反射は複雑きわまりないものがあります。たくさん模様を彫ればきれいになると思いがちですが、それは違います。模様のない部分があってこそ、施した模様が生きてくるのです。

ほんとに簡単に2本の短い線と十字型を入れただけの映像。3面の接着を黒いテープでなく、セロテープにして光を取り入れ、細い線を生み出した。角に入れた2本が3面に反射するので四角に見える。十字型に面彫りしたところに赤いカッティングシートを貼った。これだけでシャープな映像が誕生。3Dふしぎ箱の仕組みを理解するために、最初に作ってほしい。牧野公子作。

鏡の裏側がホログラムになっているので敢えてその面を6面の鏡の1枚にした。それで外側に鏡が出ている。1つの角にレースのような扇形の模様を施し、もう1面は丸い穴を開けてオレンジ色のカッティングシートを貼っただけ。ホログラムの模様をバックに2つの円形が浮かび上がり、天空の太陽、月、星のような印象に。タイトルは「回帰」。中村琴子作。

もう少し複雑に模様を入れたもの。1面に小さな四角をいくつか面彫り、もう1面に線を4本彫って、色とりどりのカッティングシートを貼り付けた。これなら子どもでも出来る。外側を模様のある面は薄い和紙で表装し、模様のない面には色紙を貼った。模様を彫った面は模様から光が入るように工夫する必要がある。和紙や薄い布などなら大丈夫。齋藤豊明作。

カッティングシート：接着剤付き透明カラーシート

Cumos

のぞくと驚きの映像が

No.13
愛染明王—陽光

このただの四角い箱の中にこんな映像が見える
なんて！　誰もがびっくり！　どうして？
と驚く。楽しい鏡のマジック。

愛染明王–陽光。愛染明王は愛が浄化されることを示す神。光輝と炎に蓮の花の舞いで、その教えを表した。齋藤風子作。

No.14 地蔵菩薩ー月光

最初は10cmの立方体から始まった「ふしぎ箱」。模様もシンプルなものが多かったのですが、何人かの作家の努力で大きく進歩しています。新しい表現として注目されています。

地蔵菩薩–月光。子どもを救済する地蔵と月下美人の花が月明かりに照らされて、子供の幸せを願う気持ちを表す。齋藤風子作。

ふしぎ箱はのぞく角度によって見えるものが違う。筒型万華鏡と違い映像は動かないが、自分で動かしてさまざまな絵柄を楽しめる。

No.15 羽衣伝説
No.16 花火

上作品右「羽衣伝説」Ⓐの映像。天女が飛んでいるのが見える。齋藤風子作。

Cumos（キューモス）箱形万華鏡「ふしぎ箱」とは？

造形作家で女子美術大学教授のヤマザキミノリ氏が、1974年、東京芸術大学の学生だったときに作ったもの。氏は6面の鏡の1～3面にエッチングを施し、上下左右に無限に続く幻想的な空間を生み出しました。「箱＋宇宙」でcumosと名付けられました。それが30年以上の歳月を経て、少し違う形で違う人の手によって作られはじめ、静かな波動となって広がっています。とりわけ各地で行われるワークショップで、子どもからお年寄りまで、上手下手に関係なくだれでもすばらしく出来上がるところから、喜びと驚きをもって迎えられています。

上作品左「花火」Ⓑの映像。シャープな線と細かい点で華やかさを表す。齋藤豊明作。

Cumos ふしぎ箱下絵

春

映像の模様のヒントとして下絵を紹介。原寸大なのでコピーしてカーボン紙で鏡の裏側にトレースする。

「春」をテーマにした絵です。伝統的な模様の「波うさぎ」。初級編ですが、難しければ最初はうさぎと波の線だけでも大丈夫。波の線は目打ちなどで太めに線彫りします。うさぎは面彫り、目打ちで枠を取り、その後綿棒に除光液を付けてこすり取る（詳しい作り方は 70 ページ参照）。着色はグラスデコという絵の具で。桜は見本はグラデーションですが、面彫りでOK。

鏡の見取り図。模様はこのように 2 面に入る。6面を接ぎ合わせて立方体にする。鏡面の膜面は組み合わせを確認するまで取らない。

鏡を組んで製本テープでとめる。端に模様がある時はセロテープで留め、角を黒のマーカーで塗る。

鏡の裏面に模様を施したもの。桜や波頭など彫るのが難しければ、最初はなしでやってみよう。

出来上がった映像。3 匹描いただけでうさぎが何匹にも見える。

Cumos ふしぎ箱下絵

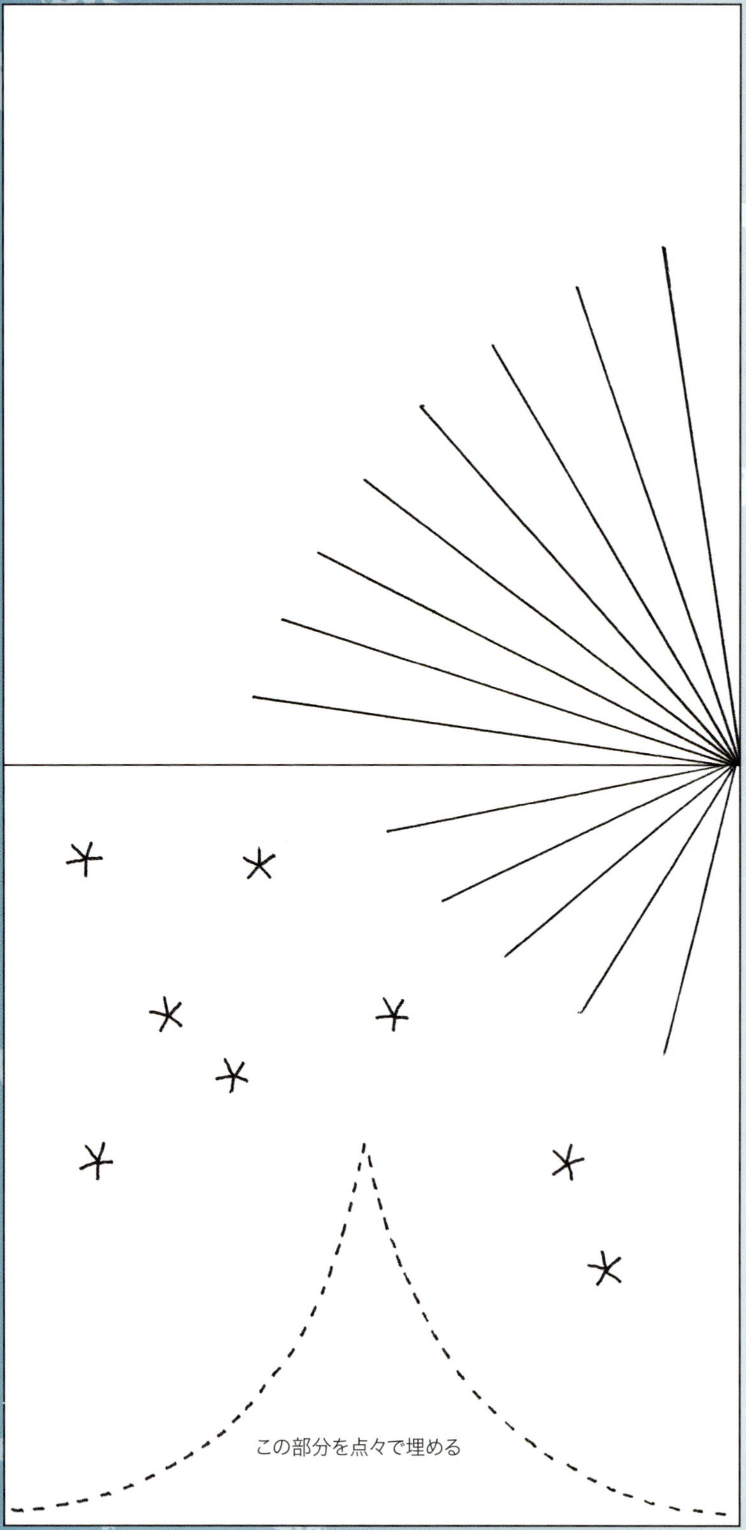

夏

映像の模様のヒントとして下絵を紹介。原寸大なのでコピーしてカーボン紙で鏡の裏側にトレースする。

「夏」をテーマにした「打ち上げ花火」。星のある面をもう1枚左右対称で彫ってください。3面で細かな作業なので時間はかかりますが、根気よく作れば初心者でもOK。目打ちで出来ますが、ルーターを使えばなお楽に。点線の内側を点々で埋めるだけでこんなに複雑な映像になるので、ぜひ挑戦して。見本は絵の具で着色していますが、カッティングシートでもいい。

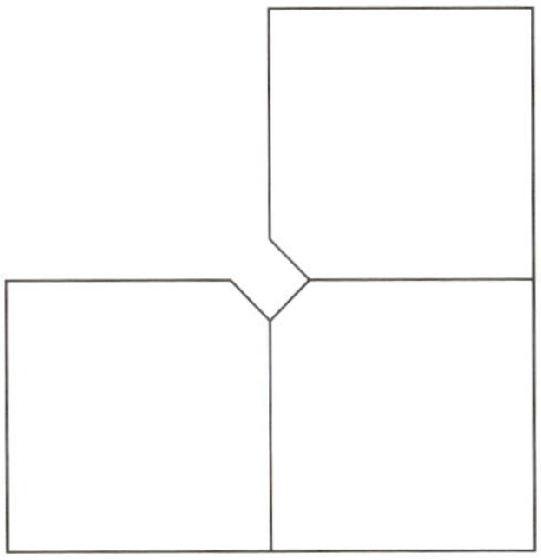

見本は３面に模様を施しているが、２面でも結構きれいに出る。組み立ての時に、花火を見上げる感じでのぞき穴を下にして花火が天井になるように。

のぞき穴と花火が対角線になるように組み立てる。角の模様のある部分はセロテープでとめる。

点線で囲ったイチョウ型の部分を細かい点々で埋めていくのは根気がいるが、それを映像で見たら喜びが。

単純な線と点だけで出来るので、子どもやお年寄りも容易に楽しめる。

Cumos ふしぎ箱下絵

秋

映像の模様のヒントとして下絵を紹介。原寸大なのでコピーしてカーボン紙で鏡の裏側にトレースする。

「秋」をテーマにした「秋風」。トンボ、稲穂、おだんご、紅葉、月が描かれていますが、全部やるのは大変なので最初はチョイスして、トンボとおだんご、月ぐらいから。見本は面彫りですが線彫りで試してみて、自信がついたら面彫りに挑戦。稲穂はルーターや千枚通しでチョンチョンと彫りますが、難しかったら面彫りでOK。自分なりの画面構成でやってみて。

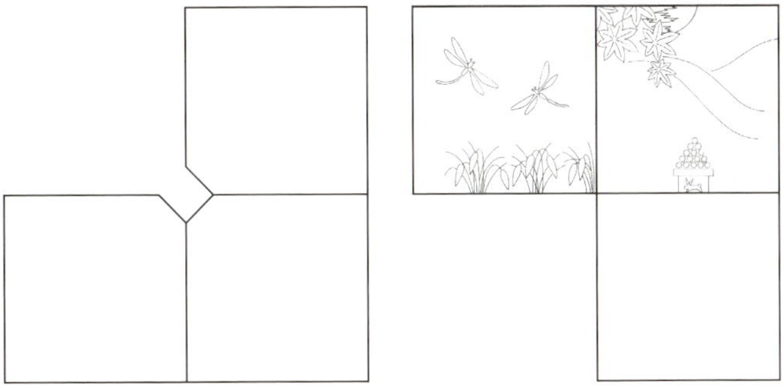

2面だが模様を描き込んでいるので、かなり複雑な映像になる。模様のつけ方はよく考えないと、重なってゴチャゴチャになってしまう。

最後に鏡面の膜面をはがして組み立てる。一人ではうまくいかないので、箱などを利用するとよい。

稲穂やおだんごを彫るのは根気がいる。ルーターを用意することをおすすめする。中級編。

トンボも稲穂もいっぱい。紅葉やおだんごがアクセントになっている。

Cumos ふしぎ箱下絵

冬

映像の模様のヒントとして下絵を紹介。原寸大なのでコピーしてカーボン紙で鏡の裏側にトレースする。

「冬」をテーマにした「湖畔の聖夜」。上級編。繊細な線彫りをきれいに仕上げるには、ルーターでなく千枚通しか彫刻刀で。家並み、ツリー、トナカイ、月は面彫り。底にする鏡の膜面をはがし、ブルーの半透明のカッティングシートを貼るか、ブルーの絵の具(グラスデコ）を塗り、一晩置いて乾燥させます。星形で彫ったツリーが華やかに映像効果を高めます。

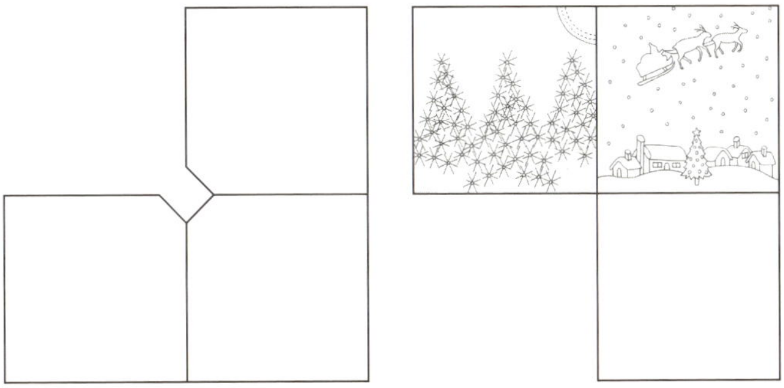

2面ながら十分に計算されたデザインなので、箱の中はまさに3Dの絵のようになる。ブルーにした面以外、膜面は最後まではがさない。

模様が角まで来て黒いテープがギザギザなので、出来れば上に和紙など貼って、表装するとよい。

家並みやトナカイなど、下絵を写すにしても絵心が要求される。2～3個作ってから挑戦するのが無難。

家並みがずっと続いているように見え、広がりが感じられる幻想的な風景。

筒型万華鏡のミラーシステム

鏡の組み方で変わる映像

小学校の時に、透明なガラスやプラスティックの板の裏に黒い紙を貼って作った万華鏡。ほとんどが正三角形に組んだスリーミラーです。きれいな模様がどこまでも続く不思議さに驚いたものですが、ミラーの組み方でまったく違った印象の映像も出来るのです。

ミラーの組み方が変わると映像にどんな違いがおきるのか、代表的なミラーシステムとその映像の特徴を知っておくと、作るときの参考になります。

スリーミラー 正三角形

角度が全部60度の正三角形は、連続模様がアイホールから見える視野全体に広がるのが特徴。筒を回して映像が変わっても、その連続性は変わらない。

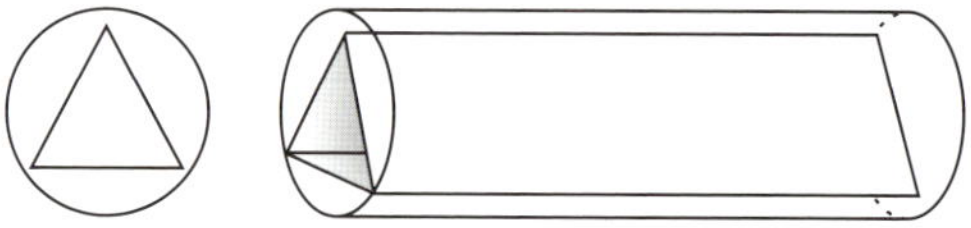

ツーミラー

三角形の底辺を黒くして2枚のミラーだけ反射するようにしたのがツーミラー、映像は円形になるのが特徴。頂角の角度により分割の数が増える。角度は360度を割りきれる数にすると、キレイに仕上がる。

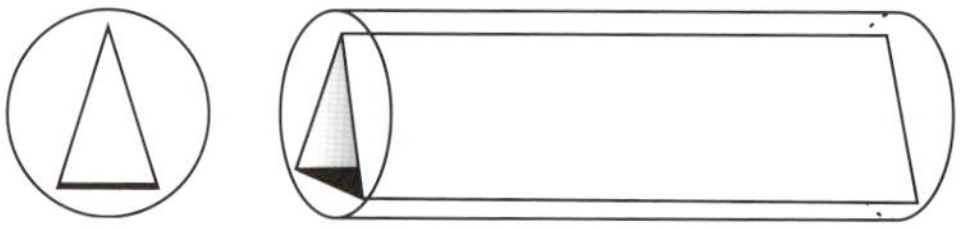

スリーミラー 二等辺三角形

同じ3枚のミラーでも二等辺三角形にすると、連続模様が円形の重なりのようになる。初めて見るとツーミラーと勘違いすることもある。

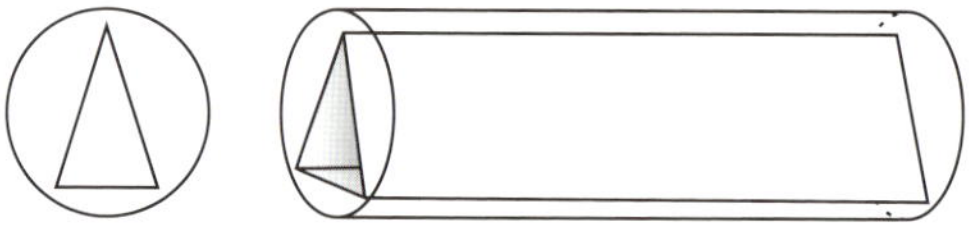

フォーミラー

4枚のミラーを使った箱形のミラーシステム。4枚の鏡が反射し合って、四角いパターンの模様が連続して広がるのが特徴。

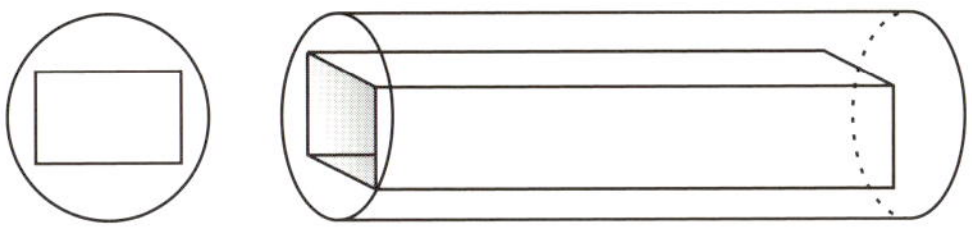

サークルミラー

円筒の中が鏡になっているサークルミラーで、映像はスパイラル状になるのが特徴。オブジェクトで面白さが違う。

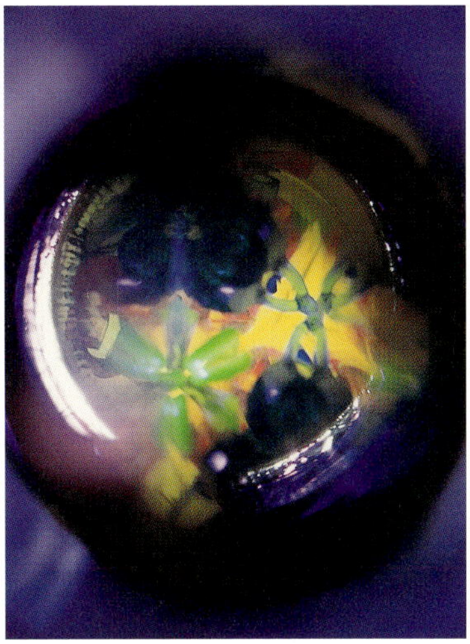

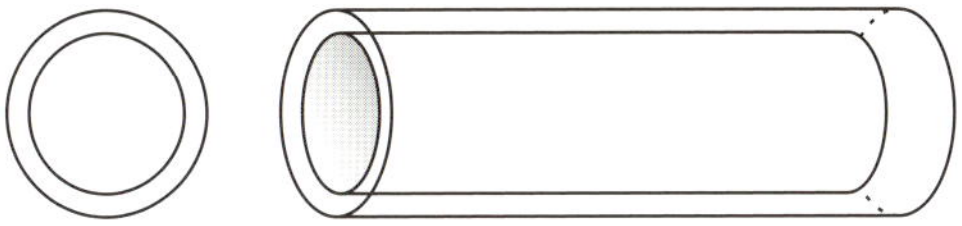

テーパードミラー

スリーミラーをオブジェクトに向けて先細りにして組んだシステム。円形の映像が立体的に見えるのが特徴。

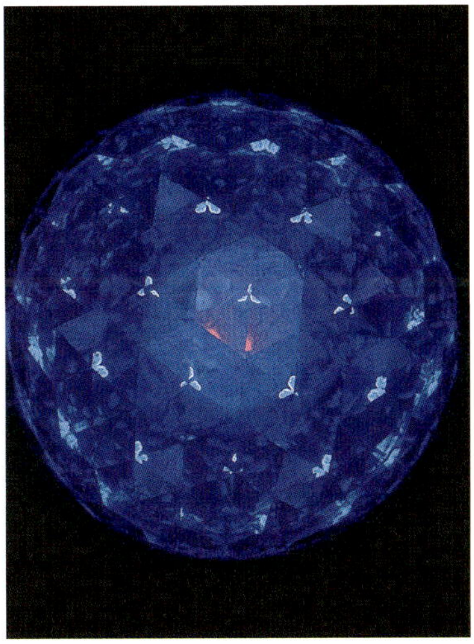

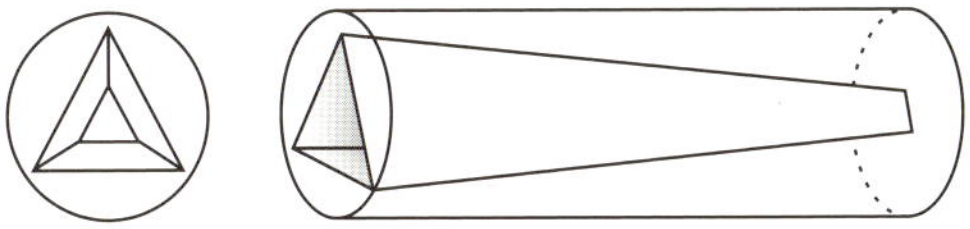

レクタンギュラーミラー

四角く組んで上下か左右の2枚だけミラーにするシステム。他の2枚は黒くして反射しないので1列の連続模様が特徴。

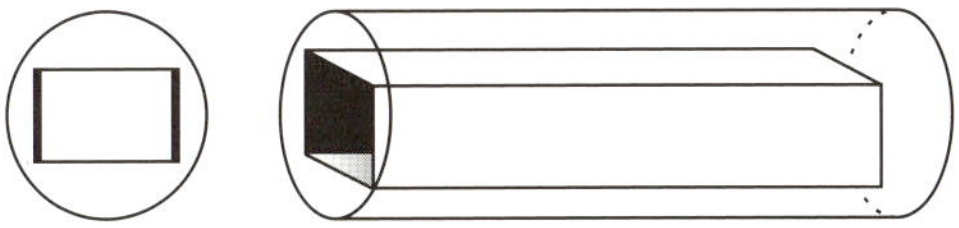

筒型万華鏡のオブジェクト

万華鏡の魅力は、鮮やかな彩りと不思議な形の組み合わせが、限りなく変化する映像の面白さです。同じ映像が２度と現れないと思わせる不思議さは、ガラスの小片に代表されるオブジェクトが源です。材料の代表的な物を紹介します。

濃い色のガラス片

色の濃いガラス片で板状や固まりとさまざまある。使いすぎると映像全体が暗くなるので使い方に注意。アクセントに。

細かいガラス 赤

砂状の細かいガラスや金属片はオイルタイプのワンドによく使われる。ひとつの流れを表現する。

明るく見えるガラス

透明さがあるので使いやすく、大きめなので映像全体のイメージを決めやすい。使いすぎると映像の変化がなくなる。

細かいガラス 黄

赤と同じように使われるが、ドライでもオブジェクト全体の色を強調するときに、細かいガラスは使いやすい。

マーブル

おはじき状の色ガラス。透明不透明で印象は大きく違うが、ワンポイントとして使うと存在感が出る。

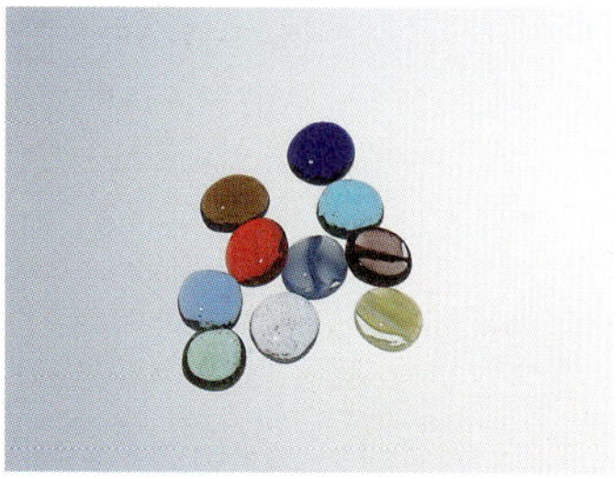

身近な材料

イヤリングや指輪、カラー輪ゴムなどもオブジェクトの材料になる。動きは制限されるがワンポイントには使える。

ガラス管

径の大小や長さとで印象は大きく変わってくる。管の向きで中空になると面白い映像を作り出すこともある。

ドライフラワー

きれいな花びらは最適と思われるが、光を通さないので思ったほどではない。ホイールタイプには使える。

Kaleidoscope

だれでも作れる万華鏡

基本編

万華鏡は映像も外観もさまざまです。写真の最前列にある日・英のおもちゃ万華鏡から、ステンドガラスや陶磁器、金属、漆塗り作品など、個性的で一つとして同じものはありません。基本的な万華鏡の構造と作り方を知れば、身近な材料を使って世界に一つしかない万華鏡をだれでも作れます。

筒型万華鏡の作り方

材料

- ボール紙筒（ラップの芯など）
- 樹脂製ミラー
  （アクリル、ポリカーボネートミラー）
- 透明プラスティック板１枚
- 筒の外側に貼る模様紙
- 透明なラウンドケース
- ビーズ、色ガラスの破片
  など（オブジェクト）

道具

- カッター
- ハサミ
- 製本テープ
- 定規
- 鉛筆
- ボンド
- セロテープ

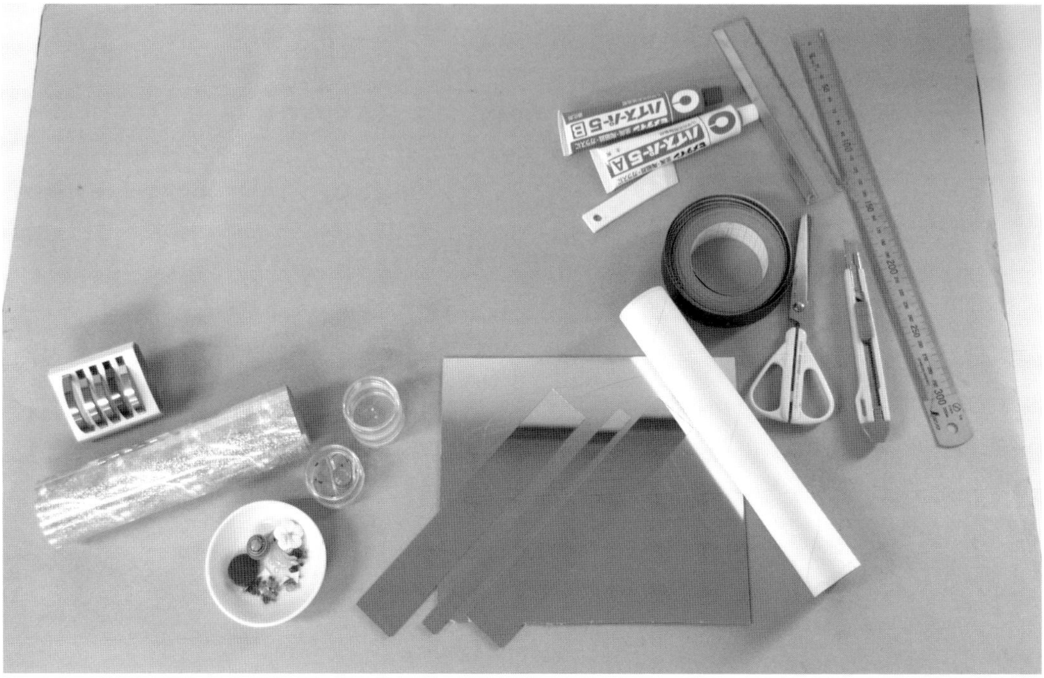

1 ミラーを切る　筒の長さと径を合わせて

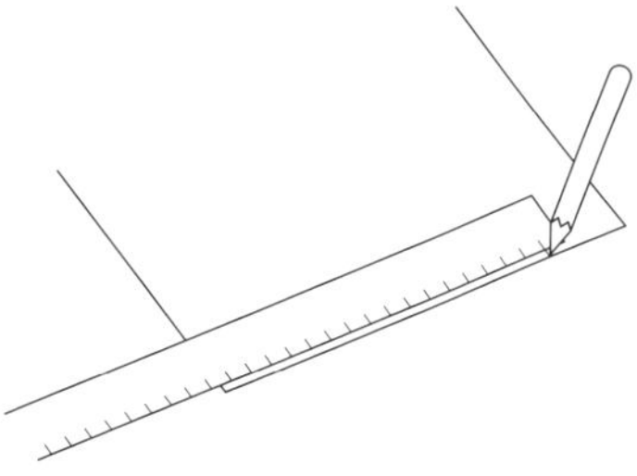

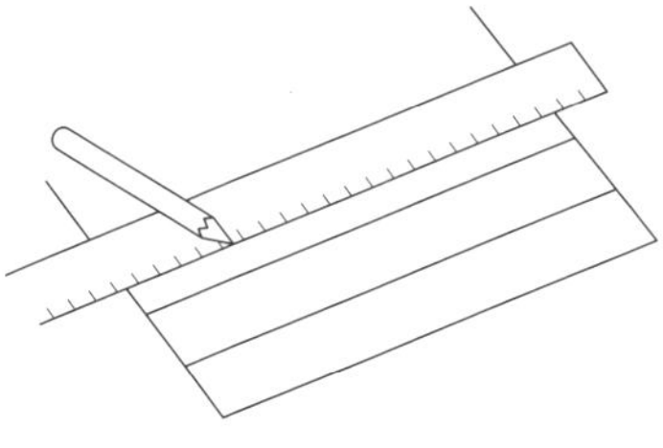

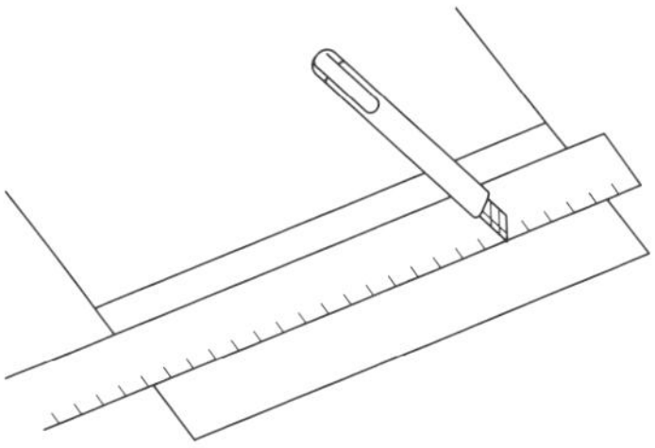

1 鏡面の保護フィルムは貼ったまま裏側でサイズを測る。二等辺三角形のスリーミラーなら１枚のミラーは幅を狭くして３枚作る。

2 ３枚のミラーのサイズを決めたら、３枚を正しく切るために定規を当て線を引く。鉛筆で簡単に引ける。

3 ハサミでも切れるが、定規を当てカッターを使った方が、より正確にサイズも狂わずまっすぐに切れる。

2 ミラーの組み方

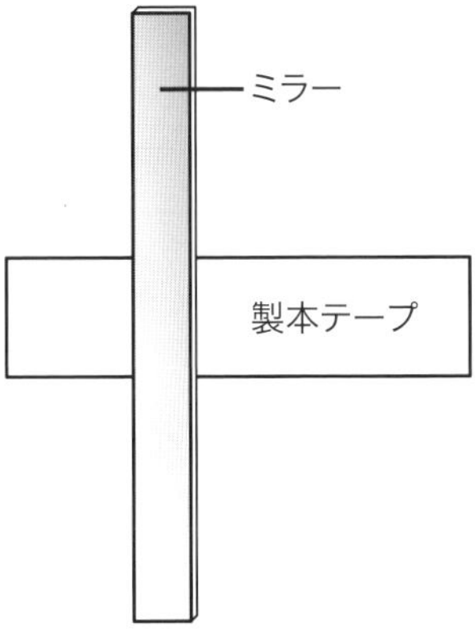

❶ 製本テープの上に、保護フィルムがついたままの鏡面を上にして図のように、ミラーの中央に置く。

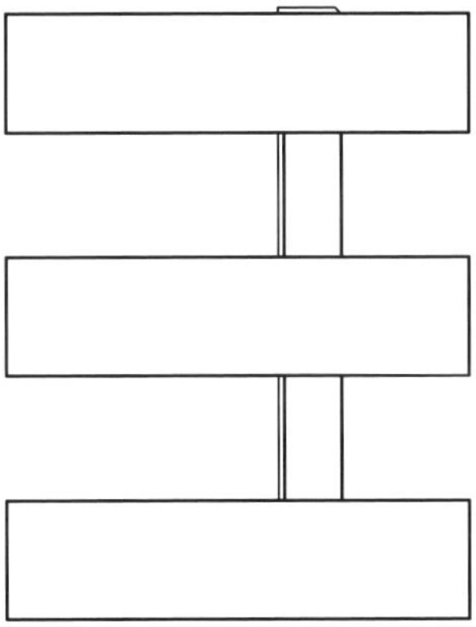

❷ ミラーを裏返しにして、真ん中のテープから等間隔で上下に製本テープを貼って、もう一度表に返す。

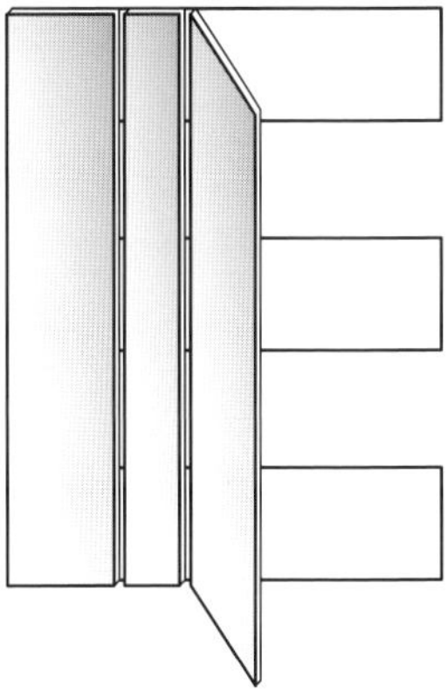

❸ 左右に残る2枚を1ミリ開けて貼るが、真ん中のミラーを垂直に立て、それを倒すと1ミリの開きになる。

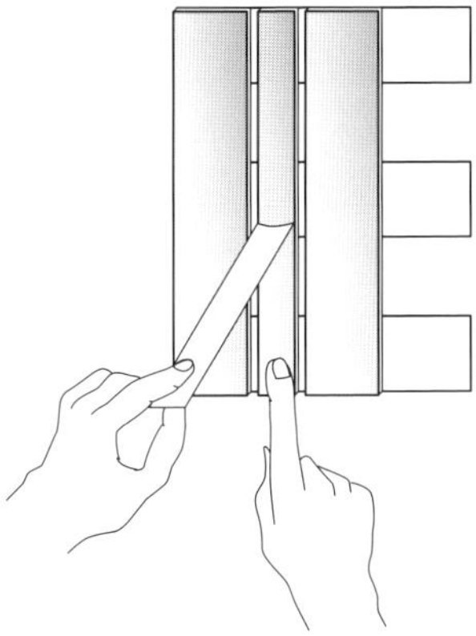

❹ 鏡面の保護フィルムは、指を添えてゆっくり幅の広い物からはがす。中央の狭いのは最後にする。

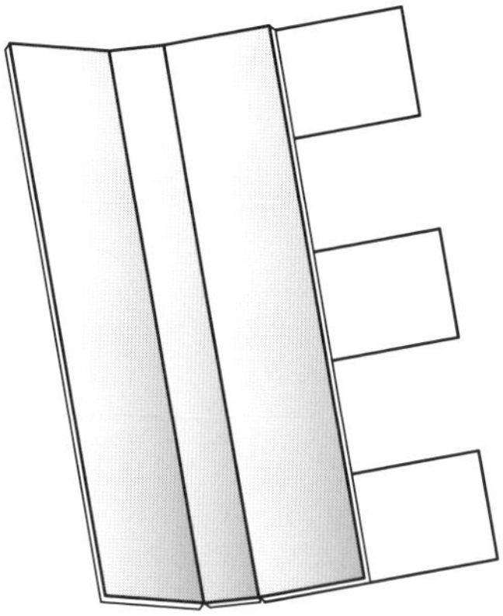

❺ 中央の幅の狭いミラーをはさむように、両側からはさむようにたたむ。正三角形も真ん中のミラーをはさむようにする。

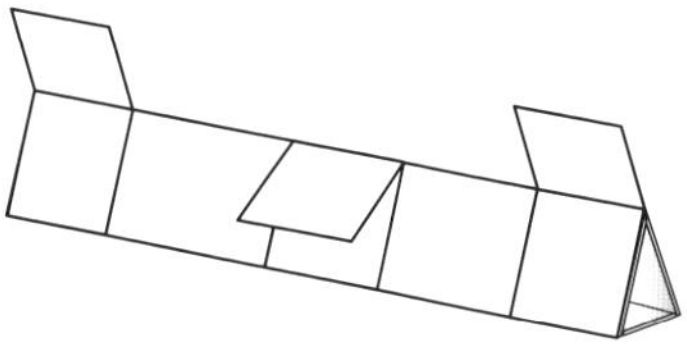

❻ 真ん中のテープから左右のテープへと、ミラーをとめていき、三角柱にする。

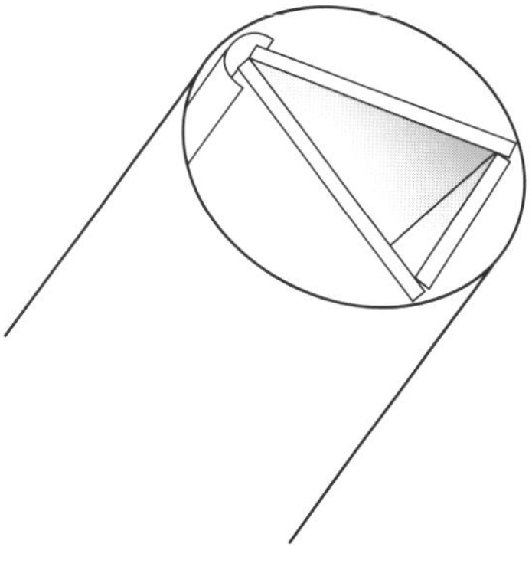

❼ ミラーの組み立て図。2枚の幅広のミラーが狭い1枚をはさむようにするときれいな映像になる。

ミラーの代用品

アクリルミラーやポリカーボネートミラーなどが手に入らないときは、家庭用のアルミホイルや補修用のステンレステープでも代用できます。表面が平坦な厚手のボール紙を台紙に、シワができないよう接着剤で貼ります。鮮明さは少しおとりますが、映像は立派な万華鏡になります。

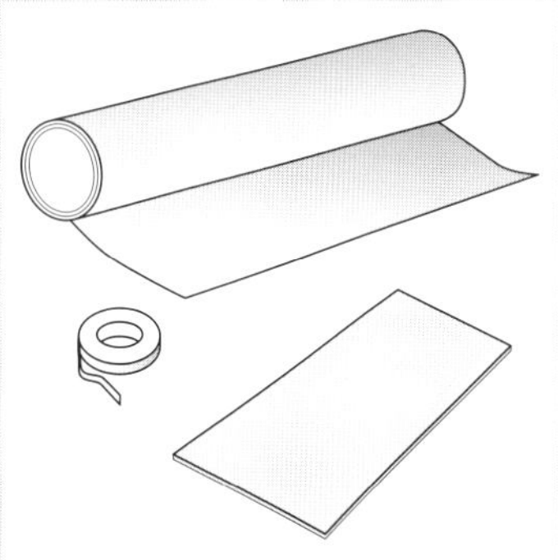

3 オブジェクトケースを作る

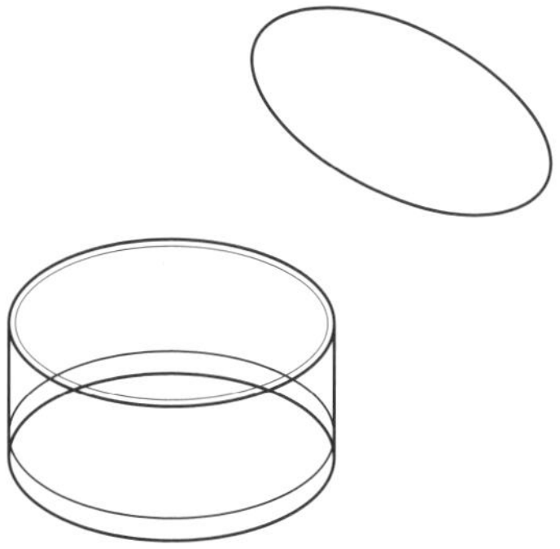

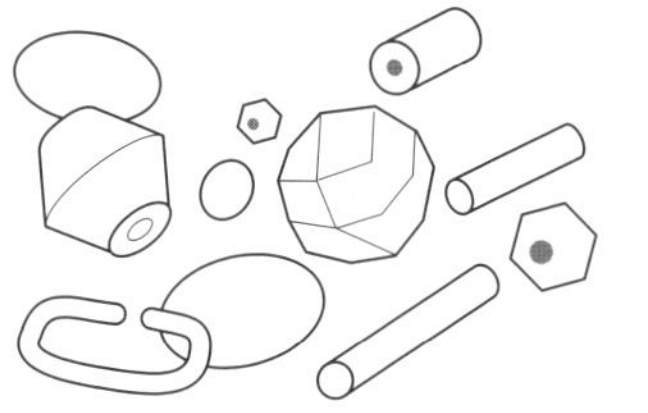

1 透明なラウンドケースの時は、底に黒い紙など外の景色が映りこまないように紙を貼る。色紙でもよい。

2 オブジェクトはガラスばかりでなく、色や形にとらわれず日常品などさまざまな物が使える。

3 ケースに入れる時は、大小関係なくピンセットでつまんで入れる。特にガラス片の時は素手で扱わないこと。

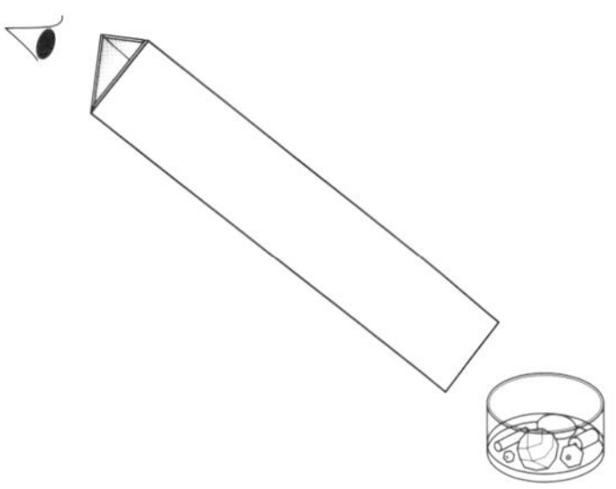

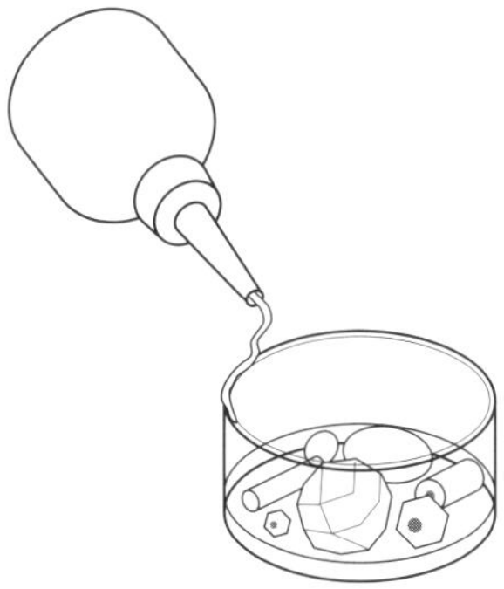

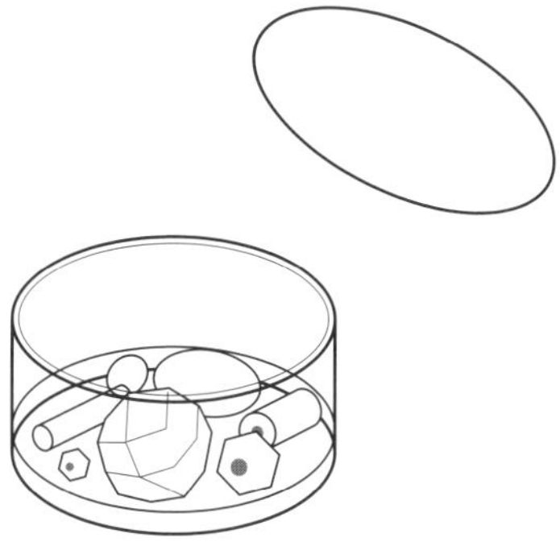

4 ケースに入れたオブジェクトは一度組んだミラーで覗いて見ると、形や色のバランスがつかめる。

5 オブジェクト選びが終わったらケース内蓋をつける。接着剤を縁につける時、接着剤がたれないよう加減して。

6 ケースの円周に合わせるようにして、内蓋のプラスティック板を貼る。一度貼ったら動かさないのがコツ。

4 アイホールを作る

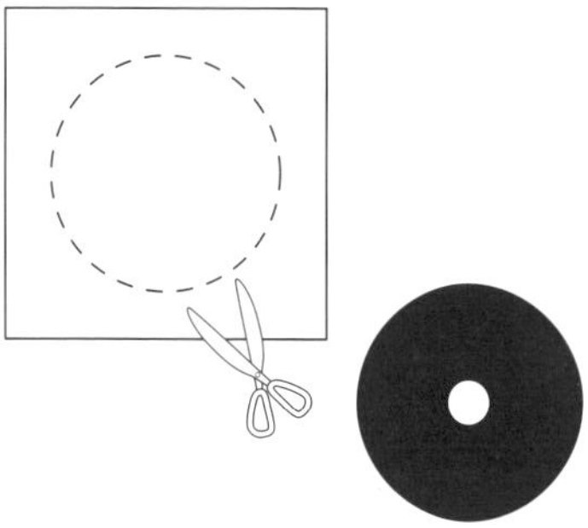

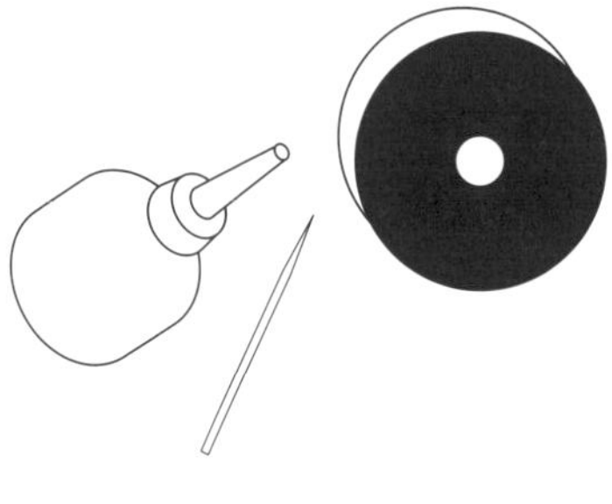

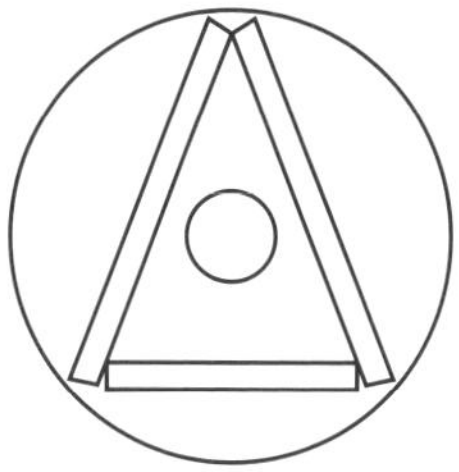

7 筒の直径に合わせて、プラスティック板と黒のケント紙を円形に切り、ケント紙はアイホールの穴を開けておく。

8 透明プラスティック板と黒ケント紙を貼り合わせる。接着剤が多すぎるとアイホールをふさぐこともある。

9 アイホールとミラーの位置は図のようになるのが理想。位置が狂って筒の中心を外すとミラーの断面が出てしまう。

5 組み立てる

オブジェクトケースを付ける

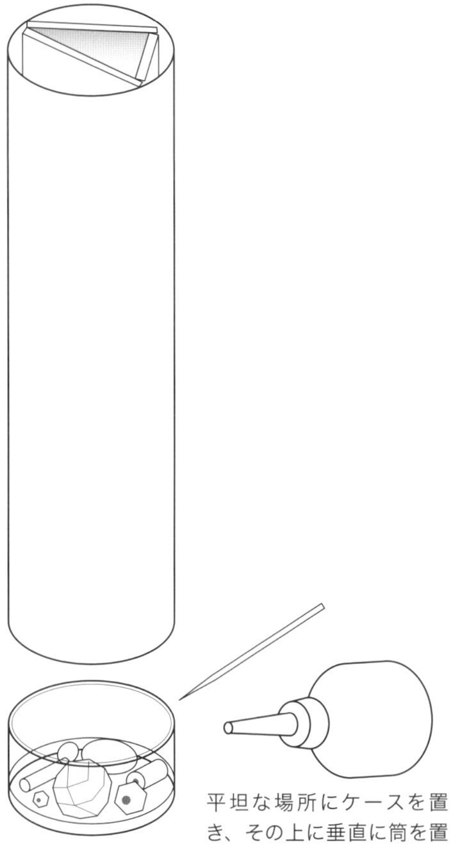

平坦な場所にケースを置き、その上に垂直に筒を置き接着。中心が狂わない。

アイホールを付ける

筒とケースが完全に接着したら、アイホールを置き、画像全体が見える位置を確認して接着する。

紙を巻く

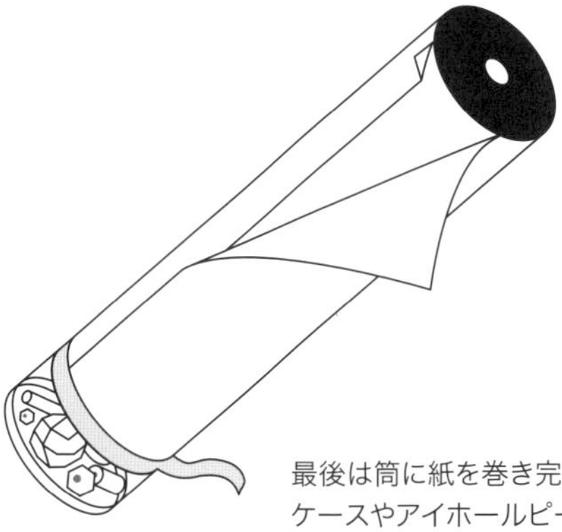

最後は筒に紙を巻き完成、オブジェクトケースやアイホールピースの部分には、テープを巻くと仕上がりがきれい。

万華鏡の映像を生み出す仕組みは大きく４つに分けられます。

① 不思議な分割＆連続を生み出すミラーの組み立て
② 光の透過と反射で映像の原点、オブジェクトとケース
③ ミラーを保護し多様な装飾の筒。ボディともいいます。
④ 映像空間を限定するアイホール

このすべての原点となる筒型万華鏡の作り方は、このプロセスが基本です。

3Dふしぎ箱の作り方

材料

- ポリカーボネートミラー（10cm四方の正方形６枚）
- 製本テープ
- カッティングシート

道具

- カッター
- 定規
- ハサミ
- 千枚通し（目打ちでもいい）
- 除光液
- 綿棒
- 鉛筆

1 のぞき穴パーツ

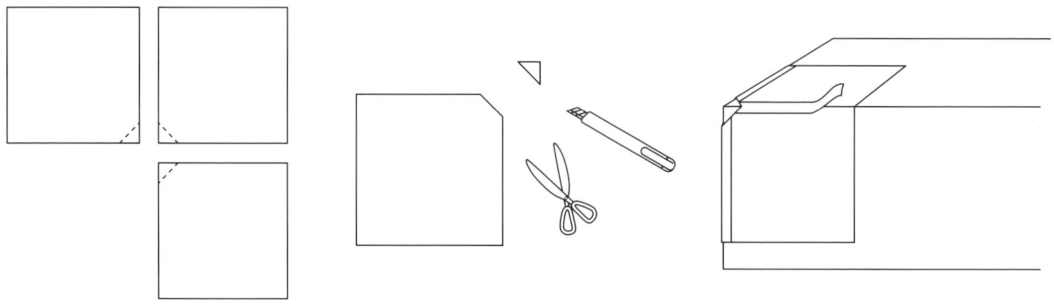

❶ ミラーの塗装面を表にして、図のように3枚並べ向きあう角から1.5センチのところに印を付け、鉛筆で線を引く。

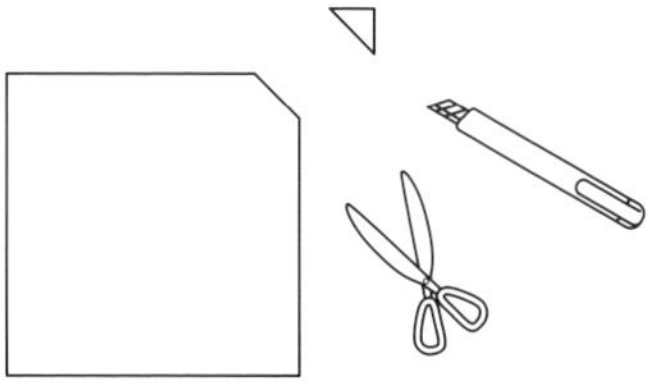

❷ 鉛筆の線に沿って、カッターやハサミで角を切り落とす。３枚とも同じように切り図❶のように並べて確認する。

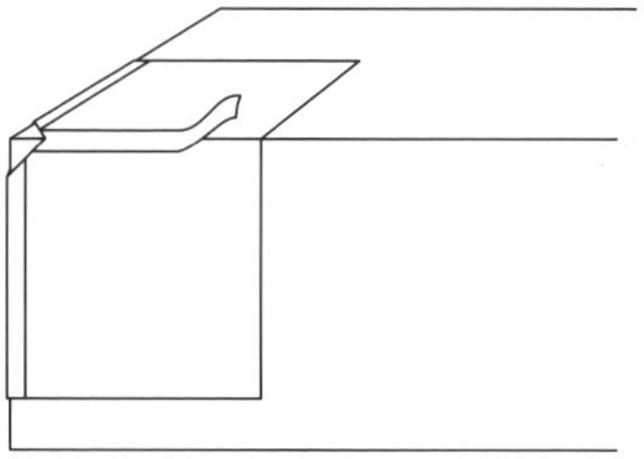

❸ 三角形ののぞき穴になるよう３枚を製本テープでとめる。貼る時、隙間が出来ないよう、箱の角を利用する。

2 模様パーツ（パターンを考える）

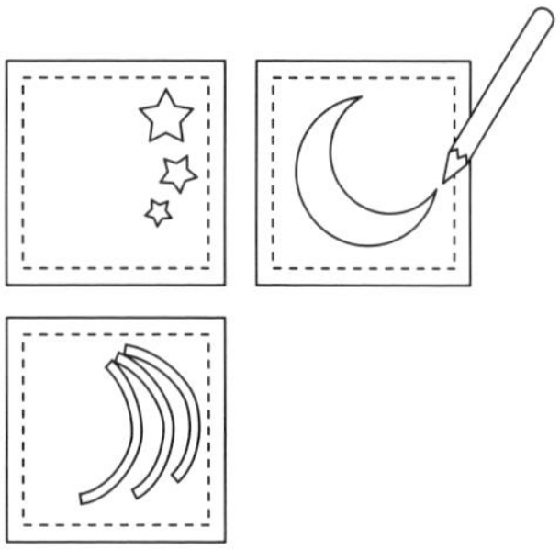

❶ 箱の中にどんな模様を浮かび上がらせるかを考え、残り3枚のミラーの塗装面に好きなパターンを鉛筆で下書きする。

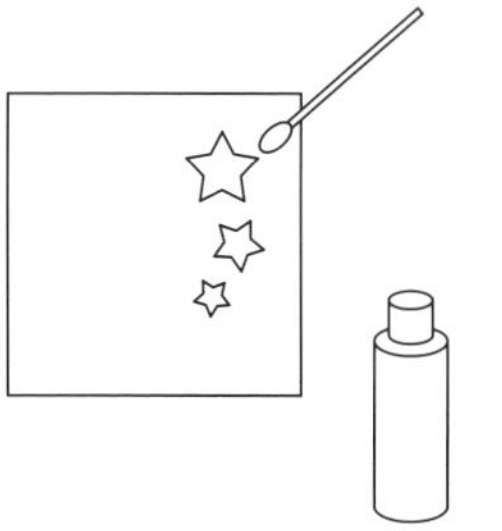

❷ 描いたパターンから光を通すため、下書に沿ってマニキュアの除光液を使って塗装面を柔らかくする。

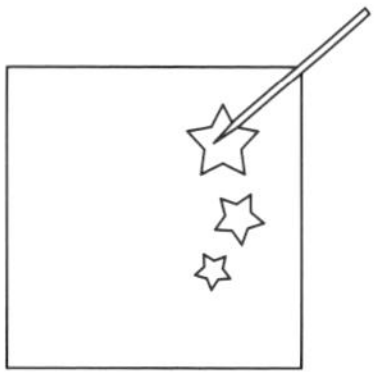

❸ 柔らかくなった線に沿って、つまようじなど先のとがったもので塗料をはがし、線の内側の面まで半透明にする。

3 彩色する

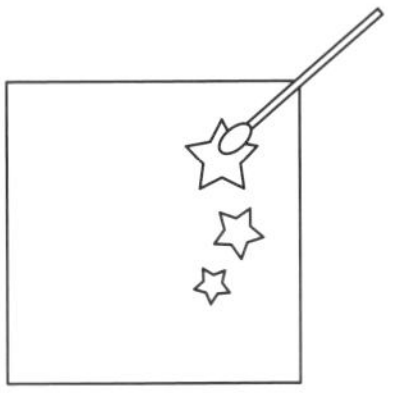

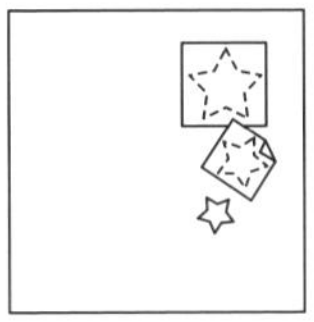

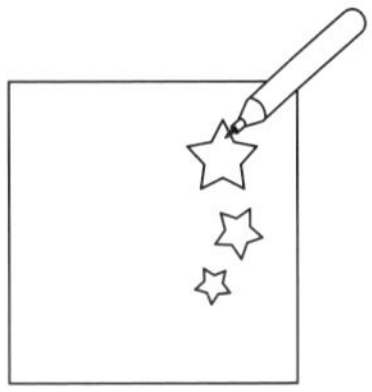

1 描いたパターン全部が半透明になったら、綿棒に除光液を含ませて透明になるまでこする。これで色や形がきれいに出る。

2 箱の中の映像が色彩豊かになるように、透明の部分にカッティングシートを貼る。カラーフィルムなので光を通す。

3 細かい線や複雑なパターンは油性のカラーサインペンを使う。どちらを使う場合も色の数が少ない方が効果的。

4 組み立てる

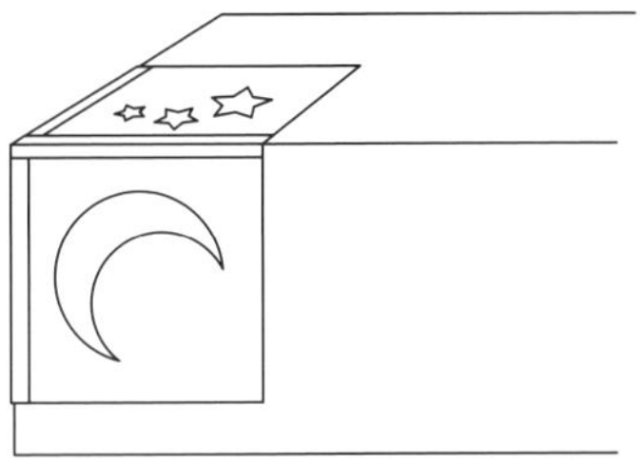

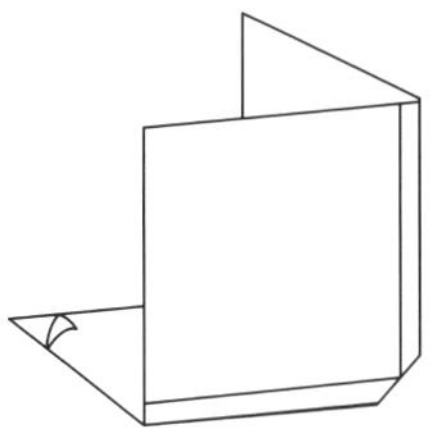

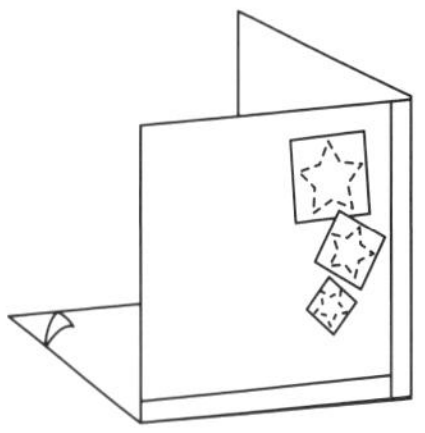

1 パターンを描いた面をどう組み合わせるか決めたら、のぞき穴パーツと同じように3枚を組み立てる。

2 2つのパーツが組めたら、のぞき穴パーツ3枚の保護フィルムをはがす。曇りのない鏡面になる。

3 模様パーツの3枚も同じように保護フィルムをはがす。フィルムの端から少しずつはがし手の跡をつけないよう注意する。

5 完成

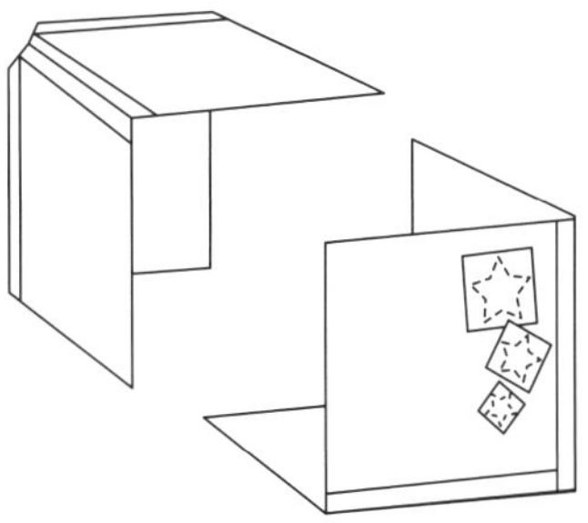

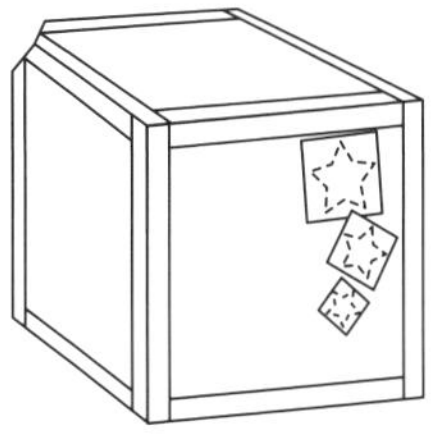

1 のぞき穴パーツと模様パーツを図のように相対するように組み合わせ、製本テープで隙間のできないよう貼り合わせる。

2 両パーツの組み合わせが完了したら、ミラーの貼り合わせに隙間がないか角を指でつまむようにして確認する。

だれが作っても失敗のないのが3Dふしぎ箱です。絵が下手でも、模様を削るのに失敗しても完成して箱をのぞくと、みな喜びの声を上げます。模様を削るのに少し根気がいりますが、暗い箱の中に色鮮やかで無限に続くパターンの映像は、筒型万華鏡とは違ったふしぎ映像の世界があります。

知ってておきたい万華鏡の用語

アイホール

映像を見るためにあけられた「のぞき穴」のこと。組み立てたミラーの中心にアイホールがあり、映像が欠けることなく見えるのが理想。しかし、小さい万華鏡やミラーの角度が狭いものでは必ずしも中心にあるとは限らない。

関連する用語として

アイホールピース＝透明なガラスやアクリル製でアイホールの内側に付け、ミラー内部にほこりなどが入らないようにする。

レンズ＝普通の人の視力で短い万華鏡を見た場合、焦点が合わずに映像がぼやけることが多いので調整のため、アイホールの内側にレンズを貼ることもある。

オブジェクト

万華鏡のミラーを通してみる対象物の意味でオブジェクトという。いわば、映像の色や形を生み出す素材。オブジェクトを入れる容器をオブジェクトケースというのに対し、オブジェクトピースということもある。材料はビーズやガラス片、陶片、金属、宝石などさまざま。ケースには外蓋のエンドピース、内蓋のミドルピースで密閉されて組み込まれ、筒全体で回転するものと、オブジェクトケースだけ回転するものとがある。これらは、セル（チェンバー）という。

関連する用語として

ドライタイプ＝ケースの中はオブジェクトピースのみで、回転した時のピースの動きも単純でカチャカチャと音がする。

オイルタイプ＝ケースの中にシリコン液やグリセリンを入れたもの。回転した時に、ピースがゆっくりと独特な動きをする。

ワンドタイプ＝細長いガラス管のオブジェクトケースを筒の外側につけたタイプ。オイルタイプのオブジェクトが多い。

ホイールタイプ＝筒の外側に回転式の円板をオブジェクトにしたタイプ。材質はステンドグラスが多いが、紙や樹脂板などでも手作りしやすい。

※ほかにも太いガラスの筒を使ったシリンダータイプ、オブジェクトケースを交換できるチェンジャブルタイプ、大きな色付きビー玉を使ったマーブルタイプ、透明な水晶球やガラス球を使ってオブジェクトピースのないテレイドタイプなどがある。

ミラーシステム

万華鏡映像を生み出す2枚以上のミラーを使った組み方をいい、組み合わせるミラーの枚数や角度によって、それぞれ特徴のある映像となる。

ツーミラー＝三角形の底辺の部分を黒くして2枚のミラーを使う。2枚のミラーを組み合わせる角度によって、より細かい分割で円形の映像になる。

スリーミラー＝3枚のミラーを三角形に組む基本的なシステムで連続模様が全方向に広がる。組み方も正三角形や二等辺三角形、直角二等辺三角形などで映像は違う。

※他にも2枚のミラーを箱形の上下か左右に使ったレクタンギュラーシステム、4枚のミラーを箱形に組んだフォーミラーシステム、4枚を菱形に組んだツインミラーシステム、ミラーの幅を先端が細くなるように組んだテーパードシステム、円筒のミラーを使ったサークルミラーシステムなどがある。映像は62ページ参照。

ミラーの種類

万華鏡に使うミラーで一番きれいな映像を作るのがスパッタリングミラー。表面が平滑なガラス基盤にアルミなどを蒸着したミラー、作家物の万華鏡にはこのミラーが使われるが、カットが難しい。初心者に使いやすく安価なのが、アクリルやポリカーボネートなどの樹脂製ミラー。カッターと定規を使えば初心者でも扱いやすい。

カレイドスコープの由来

万華鏡のことを「カレイドスコープ」というが、ギリシャ語の「美しい」「形を」「見る」という3つの単語からくるといわれる。ミラーを組み合わせると「美しく不思議な映像が出来る」万華鏡が発明されたのは、200年近く昔の1816年にさかのぼる。

スコットランドの物理学者、デーヴィット・ブリュースターが、2枚以上の鏡の板を組み合わせて筒を作り、それを通していろいろな物を見ると面白い映像になることを発見した。当時、灯台の光をレンズの組み合わせによっていかに遠くまで届かせるかを研究していたブリュースター、反射鏡とレンズの組み合わせを試行しているさなかの、お遊び的発想から生まれたような気もする。研究の実績からサーの称号も与えられた学者の発明は当時のヨーロッパでは大人気となったと伝えられている。

この万華鏡、江戸時代末に早くも日本に渡来しており、「紅毛渡更紗眼鏡（こうもうわたりさらさめがね）流行」という記述のある文献や「苛烈以度斯可布（かれいどすかふ）」という当て字で紹介されている。

『だれでも作れる万華鏡』発刊に寄せて

万華鏡に関わって約20年になります。本を4冊出し、展覧会も10回以上しました。その間しばしば万華鏡を作りたいのだがどうしたらいいのか、材料はどこで売っているのかというお問い合わせをいただきました
最近ワークショップや教室も増えました。しかしその多くはガラスや金属製で、初心者にはちょっと難しい感じがするものでした。材料や道具も簡単には手に入らないものです。
かといって、手軽に作った万華鏡というと、昔ながらの外側に紙を貼った、オモチャっぽいものになっていました。
どうにかして、だれでも作れて、材料入手も安くて簡単で、しかも素敵な万華鏡作りが出来ないかと、思っていました。
そんな風に思っていたとき、百々花さんと出会ったのです。
前から百々花さんのことは存じていましたが、こんなにたくさん、こんなにさまざまなものを作っていらっしゃるとは思いませんでした。
そしてその発想の豊かで自由なこと！
万華鏡作りを本当に楽しんで、とらわれずに制作されるので、思いがけない、楽しい、驚きの万華鏡がいくつも生まれていました。
その作品をご紹介させていただくことで、この本は出来上がりました。
百々花さんに心から感謝すると共に、少しでも皆様にお伝えできれば幸いです。

また「ふしぎ箱」との出会いも、嬉しいものでした。
これは厳密に言って万華鏡とはいえないかもしれないのですが、しかし鏡の反射を利用しているという意味で同じ原理だし、いずれにしても楽しいものなので、紹介するようになりました。
ことにワークショップでの経験が、私に豊かな実りをもたらせてくれました。
子どもからお年寄りまで、1～2時間で出来て、どんな風に作ってもそれなりに美しく、上手下手がないので、皆さんが本当に楽しんでくださいます。
そして出来上がったときに、のぞいてみた時のみんなの笑顔は、100万ドルの笑顔です！

この本では、そんな万華鏡の作る楽しみを盛り込んだつもりです。
一人でも多くの方に楽しんでいただけたら幸いです。

照木公子

万華鏡を見られるところ

仙台万華鏡美術館

秋保温泉郷にある仙台万華鏡美術館。

キットで作る万華鏡ワークショップ。

アメリカ製の万華鏡がズラリ。

ひな祭りイベントで。HINA万華鏡展。

辻輝子陶芸展示室。

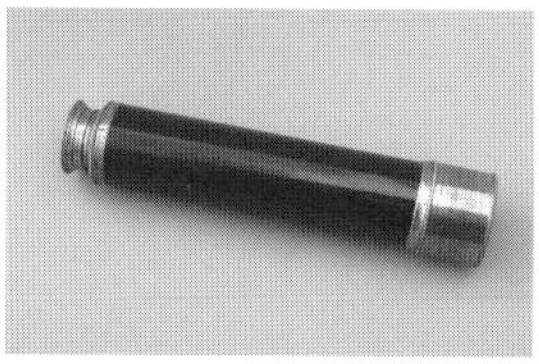

1820年頃のブリュースター製の万華鏡も所蔵。

世界初の万華鏡美術館として1999年8月5日、仙台市秋保温泉郷に誕生。
1800年代作製のアンティークから現代の作家が制作したものまで、世界の貴重な万華鏡を一堂に展示。日本で初めて陶芸で万華鏡を制作した辻輝子の陶芸作品も展示。
簡単に作れる万華鏡作製コーナーや、年に数回行われる本格的万華鏡および3Dふしぎ箱のワークショップも人気！

開館時間：9:30 ～ 17:00（最終入館は16:30まで）年中無休
入館料：一般・大学生 900円
小中高生・70歳以上 450円
団体 720円（20名以上）

〒982-0251　宮城県仙台市太白区茂庭字松場1-2
TEL 022-304-8080
FAX 022-304-8082
アクセス：仙台駅～青葉山トンネル経由（約30分）
仙台駅前より宮城交通バス（秋保温泉行乗車、秋保温泉松場バス停下車）（約50分）

黄金崎クリスタルパーク

黄金崎クリスタルパーク・ガラスミュージアム。

万華鏡のある展示室。

鏡の不思議を体感出来る人気スポットあり。

開館時間　9:00 ～ 17:00、最終入場16:30
休館日：無休（但し、作品入替等による臨時休業あり）
入館料：ガラスミュージアム
大人800円、小人400円

〒410-3501　静岡県賀茂郡西伊豆町宇久須2204–3
TEL：0558-55-1515
入館料：大人800円、
小中学生400円（現代ガラス常設展、企画展共）

京都万華鏡ミュージアム姉小路館

廃校を利用した京都万華鏡ミュージアム。

ミュージアムショップ。

舞妓の万華鏡もある展示室。

子どもに人気の万華鏡教室。

投影式万華鏡：毎日、毎時5分間展示室全体が万華鏡の空間になる。
万華鏡ファンタジー：万華鏡の中の映像が音楽に合わせて踊る。期間限定。
教室：特別企画手作り体験教室と随時参加体験教室あり。

開館時間：10時～18時（17時半最終入館）
休館日：月曜日（祝日の場合開館、翌日休館）

〒604-8184 京都市中京区姉小路通東洞院東入曇華院前町706-3
TEL/FAX：075-254-7902
アクセス：地下鉄烏丸御池駅下車徒歩3分

アトリエ・ロッキー万華鏡館

万華鏡の中に入れるスペースウオーク。

館の入り口。面白い万華鏡がいっぱい。

入ると犬の万華鏡がお出迎え。

その場で美しい万華鏡が出来るので人気。

巨大万華鏡：横型オイルチェンバータイプとしては、世界一。人が鏡の中に入って宇宙遊泳の気分が体験出来る。
随時、本格的な万華鏡の体験制作。

開館時間：10:00～16:00（入館は15:30まで）
休館日：水、木曜日（5月GW、8月お盆、年末年始は開館）
入館料：大人350円
小中学生250円

〒413-0232　静岡県伊東市八幡野1353-58
TEL：0557-55-1755
FAX：0557-54-0966

神戸万華鏡ミュージアム

5分間の解説ショータイムあり。

開館時間：10:00～19:00　年中無休
入館料：100円
〒650-0003　神戸市中央区山本通3-7-2 万華鏡ビル1F
TEL/FAX　078-242-6933

万華鏡の教室／ワークショップ

万華鏡ギャラリー「見世蔵」

築 120 年の蔵を改装。

万華鏡作り教室が開かれている。

万華鏡についてのお話会。

明治 22 年築の歴史的建造物と、万華鏡が出会って生まれた空間。2010 年、築 120 年の土蔵造りの店舗「寺田園茶舗」がリニューアルされ、流山市の業務委託事業として万華鏡ギャラリーがオープンした。中里保子を中心とした、万華鏡作家による万華鏡を多数展示、販売している。

万華鏡作り講座や、万華鏡についてのミニ講話も開催。
自分自身が万華鏡の模様になれる参加型の大型万華鏡「プリ蔵くん」が設置されている。

月曜、火曜　休館
午前 10 時～午後 4 時まで開館
入館無料、有料イベントあり

〒 270-0164
千葉県流山市流山 2 丁目 101-1
TEL/FAX：04-7103-2817
流鉄流山線 流山駅より　徒歩 5 分

GLASS-STATION

中里保子が主宰する万華鏡スタジオ。ガラスで作る万華鏡を、初心者からプロ志望の方まで、カリキュラムに沿って学べる。
サンドブラスト、電気炉、ガラスカットマシン等を設備し、万華鏡の自由な発想と表現を可能にしている。

〒 270-0164 千葉県流山市流山 8-1307-1
TEL/FAX：04-7150-3320
http://glass-station.com
講習日：第 1. 第 3 水曜日・土曜日
10:00 ～ 16:00

ガラスを素材にレベルの高い講座。

アトリエ　コア

切敷章先生が親切に指導。

切敷章の主宰。
カリキュラム：初心者はまず、スリーミラー、テーパード、ツーミラーの 3 種類のミラーシステムを制作。これらの制作でほとんどの技術を修得できるので、4 作目からは自由制作。陶芸、木工、吹きガラス、彫金、プラスティックなど、技法を持っている方歓迎。万華鏡とのコラボレーションを実践。

〒 273-0046　千葉県船橋市上山町 3-597-14
TEL：047-430-1521
e-mail：core@corekirishiki.jp

カレイドスコープ昔館

万華鏡の専門店カレイドスコープ昔館の教室。
毎週月曜日。

〒 106-0045　東京都港区麻布十番 2-13-7-2F
TEL/FAX：03-3453-4415

万華鏡教室「ばらまど」

妖しいまでの映像作りでは熱狂的なファンを持つ代永正樹の主宰。
受付随時。電話にて確認。

〒 229-0201　神奈川県相模原市藤野町佐野川 2667
TEL/FAX：046-687-4402

kaleidoscope Art School リトルベアー

山見浩司の日本初の万華鏡スクール。万華鏡専門店リトルベアーと併設されている。アマチュア向けの一般コースと、プロになりたい人向けのプロ養成コースがある。

●一般コース

趣味で作りたい人のための創作万華鏡コース

募集　随時
定員　各コース 10 名
入会金 ¥10,000（初回一括払い）
月謝　月 1 回 ¥8,000（4 時間）
　　　月 2 回 ¥15,000（4 時間 ×2）
　　　月 3 回 ¥21,000（4 時間 ×3）
時間　13:00 ～ 17:00（夜間もあり）
曜日　水曜日、木曜日、土曜日
道具代 約 ¥5,000（ガラスカッター等）
　　　その他の道具は貸出し。
材料費 別途

●プロ養成コース

日本初の一年制度のプロ養成コース

募集　毎年 4 月期生、10 月期生募集
定員　各コース 8 名
入会金 ¥100,000（一括払い）
授業料 ¥440,000（二期分割払い可）
時間　13:00 ～ 17:00（一日 4 時間）
曜日　金曜日（月 4 回）
道具代 約 ¥20,000（はんだごて、ガラスカッター等、初回一括払い）その他の道具は貸出し。
材料費 別途
設備費 ¥40,000（年、一括払い）

※年間カリキュラム修了後、検定試験を実施し卒業証書を授与する。

〒 150-0034 東京都渋谷区代官山町 19-10 加藤ビル 302
TEL/FAX：03-3770-6478
http://www.littlebear.jp/

リトルベアーの店内。

万華鏡スクールの授業風景。

UAP ふくろうの会ワークショップ

UAP ふくろうの会は 3D ふしぎ箱の普及を目指して活動している。
2003 年に「不思議アートのぞき箱」と名づけた万華鏡を創作するワークショップを主な活動として福岡県で立ち上がる。老若男女、国籍、障害度、健常度などの人間の個性の違いや、生まれ育った社会環境や文化の違いにかかわらず、万人が共感できる芸術をユニバーサルアート (Universal Art) と名づけている。
地球規模の人間交流と地域に密着した市民活動を促進するために、「不思議アートのぞき箱」を用いた地域内および地域間交流活動をワークショップとして実践している。立ち上げ以来、日本各地はもとより、世界の各地でもワークショップを実践。子ども病院や各種施設での活動は、着実に根付いてグローバルな広がりを見せている。

連絡先：〒 818–0117　福岡県太宰府市宰府 3-4-31　蛇の目うさぎ内
TEL：092-923-7893
e-mail：jyanomeusagi@uap-fukuro.com

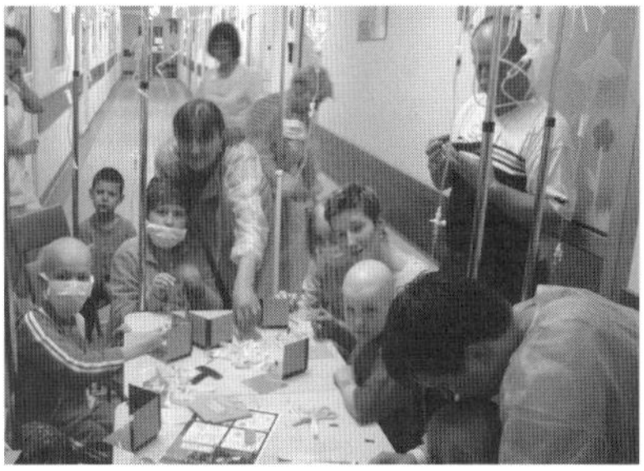

ポーランド・ポズナン子ども病院にて。

ポーランド・クラクフのマンガセンターにて。

ドイツ・チュービンゲン大学子ども病院にて。

ドイツ・マインツ大学子ども病院にて。

韓国、仁川にて。

万華鏡のお店

古いアパートを改装したアートギャラリーの中にあるプリズム（上）と、長野県善光寺の永代宿坊内にあるギャルリ 蓮（下）。

スーベニールオタルカン

〒047-0021 北海道小樽市入船1丁目1-1
TEL：0134-27-0077

リトルベアー

〒150-0034　東京都渋谷区代官山町19-10 加藤ビル302
TEL：03-3770-6478
東急東横線 代官山駅北口下車徒歩0分

カレイドスコープ昔館

〒104-0045　東京都港区麻布十番2-13-8
TEL：03-3453-4415
地下鉄麻布十番駅下車徒歩5分

ギャルリーヴィヴァン

〒104-0061　東京都中央区銀座3丁目10-19　美術家会館4階
TEL：03-5148-5051
JR有楽町駅、地下鉄銀座下車徒歩5分

ギャルリ　蓮（れん）

〒380-0851　長野市元善町465番地　白蓮坊内
TEL：026-238-3928
JR長野駅から善光寺口よりバス「善光寺大門」下車。

プリズム

〒464-0064　愛知県名古屋市千種区山門町1-13　覚王山アパート
TEL：052-752-8700

万華鏡茶房しろあむ

〒630-8208　奈良県奈良市水門町17
TEL：0742-23-3770
近鉄、JR奈良駅から徒歩約15分

アートプラネット余次元

〒530-0042　大阪市北区天満橋1丁目6-3　リバティ天満橋201
TEL：06-6882-7755

万華鏡の店パステル

〒552-0022 大阪市港区海岸通1丁目1-10 天保山マーケットプレース3階
TEL：06-6576-5726
大阪市営地下鉄中央線「大阪港」駅下車徒歩5分

お茶を飲みながら万華鏡を楽しめるしろあむ。

材料調達

ミラー

ポリカーボネートミラー、エンビミラー、アクリルミラー

初心者向き。普通のカッターで切れるので加工しやすい。

東急ハンズ
（札幌・銀座・北千住・豊洲・新宿・渋谷 TEL：03-5489-5111・池袋・町田・川崎・横浜・船橋・柏・大宮・名古屋・梅田・江坂・心斎橋・阿倍野・三宮・広島・博多）

ユザワヤ
（蒲田 TEL：03-3734-4141・新宿・渋谷・銀座・町田・立川・錦糸町・吉祥寺・大和・横浜・溝の口・川崎・小田原・横須賀・津田沼・柏・浦和・所沢・越谷・川越・宇都宮・大阪・神戸・京都・福岡）

万華鏡楽会　ポリカーボネートミラー
A4 サイズ 1 枚 900 円　TEL：03-5477-7311

スパッタリングミラー（ガラス製の表面反射鏡）

熟練者向き。オイルカッターでないと切れない。初心者には難しい。
リトルベアー　カット済みあり。
TEL：03-3770-6478
カレイドスコープ昔館　カット済みあり。
TEL：03-3453-4415
東京グラスワークサービス株式会社
TEL：03-3894-1955

※作家は現在ほとんどガラス製の表面反射鏡を使用。しかし、カットが非常に難しく、高価で失敗も多いので、最初は樹脂製のミラーを使うのが無難です。

筒

紙筒

東急ハンズ　ユザワヤ
※ラップやアルミホイル、FAX の紙などの芯を使用。

アルミパイプ・アクリルパイプ

東急ハンズ　ホームセンター
リトルベアー
カレイドスコープ昔館
スーベニールオタルカン
シモジマ
（浅草橋 TEL：03-3863-5501・府中・松戸・船橋・宇都宮・ひたちなか・心斎橋・船場・名古屋・岐阜）

オブジェクト

ビーズ・ドライフラワー・貝・キャンディー・文具用品、腐らなければ何でも可

ビーズ専門店・手芸店・おもちゃ屋さん（安いビーズ、小さなキャラクターなど）
文具店（クリップ、かわいい小物がある）
ユザワヤ（ビーズ、ドライフラワー）
東急ハンズ（プラスティック、アルミ、ビーズ、ビー玉各種、などいろいろ）
100 円ショップ（宝の山、でも見つけた時に購入しておかないと、次には同じ物が手にはいるとは限らない）

レンズ

※万華鏡の長さが 20cm 以下だと、人間の目の標準焦点距離と合わないので、レンズが必要になります。

安価で手頃なものとしては、プラスティック製がほとんど。
100 円ショップの虫眼鏡・老眼鏡・双眼鏡のレンズを外して使う。
使い捨てカメラのレンズでもよい。

※この他に、万華鏡はさまざまなパーツを必要とします。こまめに歩いて探すこと。100 円ショップ、ホームセンターなどにあるものをたんねんに見てみましょう。

照木公子　てるき・きみこ

万華鏡楽会代表。学習院大学卒業。編集プロダクション主宰。1993 年、陶芸家辻輝子との出会いから万華鏡に関わり、1995 年パルコ・ロゴスギャラリーにて初の万華鏡展をコーディネート。以後、万華鏡伝道師として、海外での初の展覧会、ポーランド・クラクフ万華鏡展「Kaleidoscope Japan」、「和の万華鏡展」などを企画、仙台万華鏡美術館コンテストの審査委員長を務めるなど、普及、啓蒙に尽力。編著書『華麗な夢の世界　万華鏡』『作って楽しむ　万華鏡の秘密』（文化出版局）『万華鏡の作り方、楽しみ方』（成美堂出版）『作って遊ぶ！　魅惑の万華鏡』（辰巳出版）。

尾崎百々花　おざき・ももか

アメリカのお土産で本格的な万華鏡と出会う。1998 年頃、試行錯誤で万華鏡を作り始める。万華鏡がだれでも簡単に作れるようにと、2000 年 4 月ホームページ「万華鏡百々花」を立ち上げる。2000 ～ 2009 年　日本万華鏡大賞にてグランプリ、アイデア賞、ヴィジュアル賞その他の各賞を受賞。万華鏡大賞展、光と色のイリュージョン展、和の万華鏡展に出展。素材にかかわらず、身近な材料も使いながら、覗いた人が楽しく嬉しくなるような作品作りを目指している。

http://www.manngekyou.com/

スタッフ

企画編集：（有）モノアート

撮影：山本和正　三本木剛

デザイン：SeaGrape

カバーデザイン：CYCLE DESIGN

イラスト / 万華鏡試作：牧野公子

協力：ふくろうの会

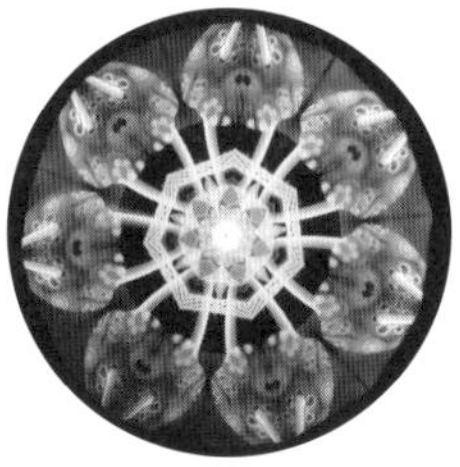

万華鏡についてのお問い合わせは、下記にお願いします。

万華鏡楽会

〒154-0016　東京都世田谷区弦巻 3-9-7

TEL/FAX：03-5477-7311

e-mail：monoart@nifty.com

http://www.b-info.jp/monoart/

http://vadam.cocolog-nifty.com/

随時ワークショップを致します。お問い合わせください。

だれでも作れる万華鏡

平成 23 年 7 月 15 日 初版第 1 刷発行

平成 24 年 12 月 5 日 初版第 2 刷発行

著　者　照木公子

発行者　穂谷竹俊

発行所　株式会社日東書院本社

〒160-0022 東京都新宿区新宿 2 丁目 15 番 14 号 辰巳ビル

TEL：03-5360-7522（代表）　FAX：03-5360-8951（販売部）

振替：00180-0-705733　URL：http://www.TG-NET.co.jp

印　刷　大日本印刷株式会社

製　本　株式会社セイコーバインダリー

ISBN 978-4-528-01455-8　C2072